U0917345

◎京师国际刑事法文库（17）
◎外国刑事法翻译系列之九

匈牙利刑法典

PENAL CODE OF HUNGARY

陈志军 译

中国人民公安大学出版社
·北 京·

图书在版编目（CIP）数据

匈牙利刑法典/陈志军译．—北京：中国人民公安大学出版社，2008.5

（京师国际刑事法文库．外国刑事法翻译系列；9）

ISBN 978-7-81139-088-9

Ⅰ．匈… Ⅱ．陈… Ⅲ．刑法—法典—匈牙利 Ⅳ．D951.54

中国版本图书馆 CIP 数据核字（2008）第 053273 号

匈牙利刑法典

XIONGYALI XINGFADIAN

陈志军 译

出版发行：中国人民公安大学出版社
地　　址：北京市西城区木樨地南里
邮政编码：100038
经　　销：新华书店
印　　刷：北京蓝空印刷厂

版　　次：2008 年 5 月第 1 版
印　　次：2008 年 5 月第 1 次
印　　张：6.625
开　　本：880 毫米×1230 毫米　1/32
字　　数：148 千字
印　　数：0001～3000 册

ISBN 978-7-81139-088-9/D·079
定　　价：23.00 元

本社图书出现印装质量问题，由发行部负责调换
联系电话：（010）83903254

E-mail：cpep@public.bta.net.cn
www.phcppsu.com.cn　　www.porclub.com.cn

北京师范大学刑事法律科学研究院
京师国际刑事法文库

总　序

20世纪70年代末80年代初以来，为顺应现代社会发展进步的历史潮流，在坚定不移地推行改革开放的基本国策的同时，中国政府尤为注重社会主义法治的建设与发展。随着立法日益健全，司法不断完善，法学欣欣向荣，国家和社会已经步入现代法治的轨道，从而有力地维护和推动了经济、政治、文化乃至整个社会全方位的发展与进步。在中国社会发展进步的历程中，社会主义法治系统必将发挥日益重要的作用。这一系统的发展完善离不开法学理论的引导和推动。因此，进一步重视法学研究，尤其是外向型、国际型法学研究，无疑具有长远的战略意义，刑法学领域亦然。

北京师范大学刑事法律科学研究院（以下简称研究院）是北京师范大学重点建设的专门从事刑事法学研究的中国刑事法学领域首家并且目前系惟一具有独立性、实体性、综合性的新型学术研究机构和研究生培养单位。研究院立足本国国情，在大力发展中国刑事法学研究的同时，专设国际刑法研究院，关注国际刑法学基础理论建设，并注重对当前国际刑事法理论与实务中热点、难点问题的研究。研究院国际刑法学方面的研究力量，以本单位的教师和博士生为基本队伍，同时聘任、定向联系国内外一些著名大学和研究机构的知名刑事法及国际法专家学者、国际刑事审判机构的法官、联合国暨国际学术研究机构的知名学者。研究院的学术研究范围主要包括：国际刑法的基础理论、国际犯罪、国际刑事审判、国际刑事司法协助与合作等。研究院力图通过课题研究、学术研讨活动以及同国内外专家、学者和学术机构的学术交流与合作研究等多种渠道、多种形式，努力促进与繁荣我国外向型和国际型刑事法学研究，以适应国家在改革开放中加强刑事法制建设的需要。

“京师国际刑事法文库”是以开拓和繁荣外向型、国际型刑事法学研究为主旨的一种学术载体形式，与研究院的“京师刑事法文库”分工不同、相辅相成。本“文库”在广义上理解国际刑事法，拟出版国内外专家学者在国际刑法、比较刑法、外国刑法等方面的科研成果，可以是专题研究、综合研究，可以是国外、境外法典、著作的译作或介述研究之作，还可以是国内外专家学者的合作研究项目。其中，研究性著作应具有较高的学术水平，译著、介述书籍和工具书、资料书等当有重要的参考价值。

古人云：“合抱之木，生于毫末；九层之台，起于垒土；千里之行，始于足下。”聚沙成塔，集腋成裘。我们希望能通过以文库形式的逐步积累，为我国国际刑法学和其他外向型刑法学的发展脚踏实地地做一点事，为法治之昌盛和社会之进步，作出应有的贡献。

是为序。

北京师范大学刑事法律科学研究院
院长　赵秉志　谨识
2006年6月

College for Criminal Law Science of Beijing Normal University

International Criminal Law Library of BNU

Preface

Since the late 1970s and early 1980s, Chinese government, to be in conformance with the trend of progressive development of modern society, has put a special emphasis on the construction and development of socialist legal system, besides firmly adhering to the principal national policy of reform and opening-up to the foreign countries. Along with the gradual perfection of legislation and judicial practice, legal science thrives and our country and society is stepping to the track of modern rule of law, which further forcefully safeguards and facilitates the development and progress of all fields such as economy, politics, culture and even the whole society. In the course of social development and progress in China, our socialist legal system will certainly play a more and more important role, which, however, is impossible without the legal theory to pilot and drive. In other words, it is of significance of long-term strategy to further reinforce legal science studies (including criminal jurisprudence studies), especially extrovert and international legal studies.

The College for Criminal Law Science of Beijing Normal University, founded in August of 2005, is the first and, at present, the only academic research organ in China specializing in criminal jurisprudence that is independent and comprehensive entity and undertakes the mission of educating postgraduates. Basing itself upon the situation of China, The College, in addition to fully developing the studies on Chinese criminal law, specially establishes the Institute for International Criminal Jurisprudence Studies focusing on constructing the basic theory of international criminal jurisprudence and researching the theoretic and practical hot-topics and difficulties in current international criminal law. The main force of international criminal jurisprudence staffed the College is the professors and doctorate candidates thereof, besides those who are invited as fellow researchers or fellow professors such as famous scholars and specialists engaging in criminal and international law from the prestigious universities and academic organizations home and abroad, judges from the international criminal judicial agencies and famous scholars from UN and international academic research organizations. With respect to the international criminal jurisprudence, the main academic domain of the College covers the basic theory of international criminal jurisprudence, international crimes, international criminal trial, international criminal judicial assistance and so on. The College seeks to facilitate and thrive studies on the extrovert and international criminal law through various channels and programs such as project researches, academic workshops, academic exchange and cooperation with domestic and foreign specialists, scholars and academic organs, so as to meet the requirements of strengthening criminal legal construction in the course of reform and opening up to the foreign countries.

International Criminal Law Library of BNU, undertaking different missions from Criminal Jurisprudence Library of BNU but supplementing each other, seeks to exploit and deepen and thrive the academic researches on extrovert and international criminal jurisprudence. With a broad understanding of international criminal law, the library consists of the academic achievements by domestic and foreign specialists and scholars on international criminal law, comparative criminal law and foreign criminal law, which may be of either special topics or general topics in a rather profound academic level, or introduction or translations of foreign literatures and codifications with much value of references, or research projects co-operated by domestic and foreign specialists.

As an ancient master said, "A huge tree grows from a tiny seedling; A nine-storey tower begins with a pile of earth; A thousand-li journey begins with the first step." "Grains of sand piled up make a pagoda; The finest fragments of fox fur, sewn together, will make a robe." Through the program of library, we seek to accumulate academic fruits and develop the international jurisprudence and other extrovert criminal jurisprudence, so as to make our contributions to the prosperity of rule of law and progress of the society.

Prof. Zhao Bing-zhi
Dean of College for Criminal Law Science
Beijing Normal University
In June of 2006

前 言

匈牙利位于欧洲中部，东邻罗马尼亚、乌克兰，南接斯洛文尼亚、克罗地亚、塞尔维亚和黑山，西与奥地利为邻，北同斯洛伐克接壤，多瑙河及其支流蒂萨河纵贯全境。匈牙利国家的形成起源于东方游牧民族——马扎尔游牧部落，公元9世纪时他们从乌拉尔山西麓和伏尔加河湾一带向西迁徙，公元896年在多瑙河盆地定居下来。公元1000年，圣·伊斯特万建立封建国家，成为匈牙利第一位国王。15世纪下半叶马加什国王统治时期是匈牙利历史上最辉煌的时期。1526年奥斯曼土耳其入侵，封建国家解体。1699年开始全境由哈布斯堡王朝统治。1848年爆发了科苏特领导的自由革命斗争。1849年4月匈牙利国会通过独立宣言，建立匈牙利共和国，但不久被奥地利和沙俄军队所扼杀。1867年签订的奥匈协定宣布成立奥匈帝国。第一次世界大战后奥匈帝国解体。1918年11月匈牙利宣布成立第二个资产阶级共和国。1919年3月21日匈牙利苏维埃共和国成立，同年8月被帝国主义干涉者联合武装进攻所颠覆，恢复了君主立宪政体，开始了霍尔蒂的法西斯统治。1945年4月苏联红军在匈牙利人民配合下解放了匈全境，1946年2月宣布废除帝制成立匈牙利共和国，1949年8月20日成立匈牙利人民共和国并颁布新宪法。1956年10月爆发“匈牙利事件”。1989年东欧剧变，匈牙利的政治体制也发生了重大变化，1989年10月，匈牙利国会通过宪法修正案，对宪法作了重大的原则修改，决定取消作为集体国家元首的共和国主席团，实行总统制，确立多党议会民主制和市场经济，在国家机构中体现分权原则，决定将匈牙利人民共和国改称匈牙利共和国。2004 年 5 月 1 日，匈牙利正式成为欧盟成员国。

匈牙利较早就进行了近代意义上的刑事法立法活动，于 1878 年就颁布了该国历史上的第一部刑法典，一直施行到第二次世界大战结束，在此期间未作大的修改。匈牙利人民共和国成立后，曾经颁布过两部刑法典，第一部是 1961 年刑法典（以 1961 年第 5 号法案颁布），第二部是 1978 年刑法典（以 1978 年第 4 号法案颁布）。1978 年刑法典经过多次修正，至今仍被匈牙利共和国沿用，2005 年进行了最近的一次修正。修正的内容主要集中在 2 个方面：一是按照《欧洲人权公约》的要求进行的修改；二是按照建立宪政国家的要求进行的修改。现行的匈牙利刑法典的主要内容有：

1. 刑法典的体系

匈牙利刑法典分为总则和分则两部分。总则包括以下九章：第一章“刑法的适用范围”、第二章“犯罪行为与犯罪行为人”、第三章“刑事责任阻却事由”、第四章“刑罚与处分措施”、第五章“刑罚的适用”、第六章“前科消灭”、第七章“关于未成年人的规定”、第八章“关于军人的规定”、第九章“解释性规定”。分则包括以下十一章：第十章“危害国家罪”、第十一章“反人类罪”、第十二章“侵害人身罪”、第十三章“违反交通规章罪”、第十四章“危害婚姻、家庭、未成年人、性道德罪”、第十五章“危害国家管理、司法管理与公职廉洁罪”、第十六章“危害治安罪”、第十七章“破坏经济罪”、第十八章“侵犯财产罪”、第十九章“违反军事防卫义务罪”、第二十章“军人违反职责罪”。

2. 刑法典的地域效力

匈牙利刑法典采取以属地管辖、属人管辖为原则，以有限的保护管辖和有限的普遍管辖为补充的刑事管辖权体制。需要指出的是，匈牙利刑法典在采取属地管辖之外，还采取完全的属人管辖。匈牙利刑法典第 3 条规定："匈牙利刑法适用于在匈牙利境内实施的犯罪，也适用于匈牙利公民在境外实施的被匈牙利法律规定为犯罪的行为。"

3. 外国刑事判决效力的承认

匈牙利刑法典原则上承认外国刑事判决的效力。匈牙利刑法典第 6 条第 1 款规定："在下列情况下，外国法院所作裁判与匈牙利法院所作裁判具有相同的效力：a）该外国法院所进行的刑事诉讼活动，是基于匈牙利当局提出的指控或者刑事诉讼移转而进行的；b）在该外国法院所进行的刑事诉讼活动中，对行为人所指控的行为依据匈牙利法律和该国的法律都应当追究刑事责任，而且在境外所进行的诉讼程序、所作出的判决、执行判决的手段符合匈牙利法律的规定。"但该条其他条款也对之做出了相应的限制性规定。

4. 刑法典的溯及力

匈牙利刑法典采取从旧兼从轻原则。匈牙利刑法典第 2 条规定："对犯罪行为，应当按照其实施之时施行的法律进行裁判。如果该行为按照裁判时施行的新刑法不再构成犯罪或者处罚较轻的，应当适用新的刑法；在其他情况下，新的刑法没有溯及力。"

5. 犯罪的概念

匈牙利刑法典规定了犯罪的概念。匈牙利刑法典第 10 条第 1 款规定："犯罪行为，是指故意地——或者在法律也处罚此类过失行为的情况下过失地——实施具有社会危害性的、法律规定应当予以刑罚处罚的行为。"该条第 2 款规定："作为或者不作为，应当是侵害或者威胁国家、匈牙利共和国的社会经济秩序、人身或者公民权利的具有社会危害性的行为。”可见，匈牙利刑法典所规定的犯罪概念属于混合概念，与中国刑法类似。

6. 责任主义原则

匈牙利刑法典第10条第1款关于犯罪概念的规定明确地宣示了责任主义原则，即只有主观上存在故意或者过失的行为，才可能构成犯罪。第13条、第14条还分别规定了犯罪故意与犯罪过失的定义，第15条明确了不处罚偶然的结果加重犯的原则。

7. 刑事责任能力

（1）刑事责任年龄。匈牙利刑法典的刑事责任年龄分为3个阶段：不满14周岁为完全无刑事责任能力阶段；已满14周岁不满18周岁为减轻刑事责任年龄阶段，刑法总则专章对这一年龄段的未成年人的刑罚适用作出了有别于成年人的轻缓规定；已满18周岁为完全刑事责任能力阶段。（2）精神病人的刑事责任能力。匈牙利刑法典第24条把精神病人的刑事责任能力分为完全不负刑事责任和减轻刑事责任的能力两种情形。但第25条规定了应负刑事责任的原因自由行为：“行为人由于自己的过错而陷入醉态或者精神麻痹状态，在此状态下实施行为的，不能适用第24条的规定。”

8. 刑事责任阻却事由

匈牙利刑法典把刑事责任阻却事由分为以下两大类：（1）刑事追诉阻却事由。具体包括以下9类：未成年；精神病；强制和胁迫；错误；行为的社会危害性程度非常轻微；正当防卫；紧急避险；没有提起自诉；法律规定的其他事由。（2）刑事责任消灭事由。具体包括以下5类：行为人死亡；时效；赦免；行为已经不再具有社会危害性或者变得非常轻微；法律规定的其他事由。

9. 犯罪未完成形态

匈牙利刑法典规定了犯罪预备与犯罪未遂两种犯罪未完成形态。（1）犯罪预备。匈牙利刑法典第18条第1款规定："行为人为犯罪的实行准备所需要的条件或者为之提供便利，或者为实行犯罪发出要约邀请、要约或者承诺，或者就共同实行犯罪达成合意的，如果法律有特别的规定的，应以犯罪预备追究刑事责任。"该条第2款规定："具有下列情形之一的，不应当以犯罪预备追究刑事责任：a）在着手实行犯罪之前基于自愿放弃着手的；b）为了阻止犯罪的着手实行而撤回其要约邀请、要约、承诺或者竭力使其他参与人放弃犯罪的着手，而无论因为何种原因而未着手犯罪实行行为的；c）向有权机关报告将实行的犯罪的。"可见，匈牙利对犯罪预备的处罚以分则条文有明确规定的为限。而且不处罚犯罪预备中止。（2）犯罪未遂。匈牙利刑法典第16条规定："行为人着手故意犯罪的实行行为，但未完成犯罪的，应以犯罪未遂追究刑事责任。"第17条规定："对犯罪未遂适用犯罪既遂的刑罚条款。""如果犯罪未遂是针对不可能的对象或者使用不可能的工具实施的，可以无限制地减轻处罚，甚至可以免除处罚。""如果行为人在犯罪行为尚未完成之前基于自愿放弃完成犯罪，或者在犯罪结果发生之前自动有效地防止其发生的，不应作为犯罪未遂处罚。"可见，匈牙利在犯罪未遂的处罚原则上，区分能犯未遂和不能犯未遂，对前者按照既遂犯的刑罚予以同等处罚，对于后者则规定可以无限制地减轻处罚，甚至可以免除处罚。此外，匈牙利刑法典也不处罚实行阶段的犯罪中止。（3）对因为中止而形成的犯罪预备和犯罪未遂不予处罚之例外。[①] 前述情形下，

① 匈牙利刑法典没有把犯罪中止规定为与犯罪预备、犯罪未遂并列的一种犯罪未完成形态，而是分别归入后两者之中。

因中止而导致的犯罪预备和犯罪未遂不予以处罚的规定，仅限于尚未独立地构成其他犯罪的情形。匈牙利刑法典第 17 条第 4 款规定：“如果第 2 款和第 3 款规定的未遂已经独立地构成其他犯罪的，应当对行为人以该其他犯罪追究刑事责任。”第 18 条第 3 款规定：“如果第 2 款规定的预备已经独立地构成其他犯罪的，应当对行为人以该其他犯罪追究刑事责任。”

10. 共同犯罪

匈牙利刑法典只承认故意犯罪的共同犯罪，把共犯人分为共同正犯、教唆犯和从犯 3 类，并分别对这 3 种共同犯罪人的定义作出了规定。

11. 罪数

匈牙利刑法典总则第 12 条对并合罪和连续犯等罪数形态和数罪并罚的方法等作出了具体的规定。

12. 刑罚的目的

匈牙利刑法典第 37 条规定了刑罚的目的：“刑罚是本法典针对犯罪行为所规定的合法的损害。刑罚的目的是预防——为了保护社会——犯罪人和其他人实施犯罪行为。”

13. 刑罚的种类

匈牙利刑法典规定的刑罚分为主刑和附加刑两大类。主刑包括 3 类：监禁；公益劳动；罚金。附加刑包括 6 类：禁止从事公共事务；禁止从事职业；禁止驾驶；驱逐；驱逐出境；作为附加刑的罚金。值得关注的是，为了加入欧盟，匈牙利废止了死刑。

14. 处分措施的种类

匈牙利刑法典在刑罚之外还规定了处分措施。具体包括以下 8 类：训诫；缓刑；强制医疗；酗酒强制治疗；没收；没收财产；交缓刑官监管；与法人刑事责任有关的制裁。

15. 前科消灭制度

匈牙利刑法典在第六章规定了前科消灭制度。把前科消灭分为3种具体的方式：法定消灭方式；裁判消灭方式；赦免消灭方式。

由于水平所限，加之从英文转译而来，不当之处，敬请读者批评指正。

陈志军
2008年1月

目　录

总　　则

刑法的宗旨

第 1 条（废止）

第一章　刑法的适用范围

时间效力范围

第 2 条

对犯罪行为，应当按照其实施之时施行的法律进行裁判。如果该行为按照裁判时施行的新刑法不再构成犯罪或者处罚较轻的，应当适用新的刑法；在其他情况下，新的刑法没有溯及力。

对地域和对人的效力范围

第 3 条

1. 匈牙利刑法适用于在匈牙利境内实施的犯罪，也适用于匈牙利公民在境外实施的被匈牙利法律规定为犯罪的行为。

2. 匈牙利刑法也适用于在匈牙利共和国境外的匈牙利船舶或者航空器上实施的犯罪。

第 4 条

1. 匈牙利刑法也适用于非匈牙利公民在境外实施的具有下列情形之一的行为：

a）按照匈牙利法律和行为地国的法律都应当追究刑事责任的行为；

b）危害国家罪（第十章）中除针对盟国军队的间谍行为（第 148 条）以外的罪行，行为地国的法律是否规定对这类行为追究刑事责任不影响匈牙利刑法的适用；

c）反人类罪（第十一章）或者依据国际条约规定应当追诉的任何其他罪行。

2．非匈牙利公民在外国实施针对盟国军队的间谍行为（第148条），且行为地国的法律也规定应当追究刑事责任的，应当根据匈牙利法律追究刑事责任。

3．对第1款、第2款规定的案件，应当根据总检察长的命令提起追诉。

外交豁免和基于国际法的其他豁免

第5条

享有外交豁免权或者基于国际法的其他豁免权的人的刑事责任，应当根据国际条约处理；国际条约没有规定的，按照国际惯例处理。在对国际惯例存在争议时，按照司法部长对此作出的声明进行处理。

外国判决的效力

第6条

1．在下列情况下，外国法院所作裁判与匈牙利法院所作裁判具有相同的效力：

a）该外国法院所进行的刑事诉讼活动，是基于匈牙利当局提出的指控或者刑事诉讼移转而进行的；

b）在该外国法院所进行的刑事诉讼活动中，对行为人所指控的行为依据匈牙利法律和该国的法律都应当追究刑事责任，而且在境外所进行的诉讼程序、所作出的判决、执行判决的手段符合匈牙利法律的规定。

2．如果外国法院所作的判决与政治性质的犯罪行为或者和与之有密切关系的人有关，或者与军事犯罪有关，即使其符合第1款b项规定的条件，也不应当承认其效力。

3. 综合考虑行为的预期目标、动机、行为方式、实际上使用或者意图使用的工具等所有适当的情节来看，如果在犯罪行为的实施过程中，其犯罪方面的色彩超过政治或军事方面的色彩的，不应当认定该犯罪具有政治或者军事性质。

4. 在认定外国法院判决效力时，对于谋杀行为和包含谋杀的任何其他行为，在任何情况下都应当被认定为刑事犯罪。

5. 实施匈牙利刑法有权管辖之行为的人如果进入匈牙利，即使其已经被外国法院作出裁判，只要不属于第1款规定的情形，总检察长应当决定提起刑事诉讼程序。对这类案件，行为人在外国所服刑期或者被预防性羁押的期间，应当从匈牙利法院所作出的判决中扣除。

6. 法院判决也应当包括根据以法案形式公布的国际公约或者联合国安理会通过的法律性决议而成立的国际刑事法庭所作的最终判决。

刑罚执行的承认与移管

第7条（废止）

提起刑事诉讼

第8条（废止）

引渡和庇护

第9条（废止）

第二章　犯罪行为与犯罪行为人

第一节　犯罪行为

犯罪行为

第 10 条

1. 犯罪行为，是指故意地——或者在法律也处罚此类过失行为的情况下过失地——实施具有社会危害性的、法律规定应当予以刑罚处罚的行为。

2. 作为或者不作为，应当是侵害或者威胁国家、匈牙利共和国的社会经济秩序、人身或者公民权利的具有社会危害性的行为。

重罪与轻罪

第 11 条

1. 犯罪行为包括重罪和轻罪。

2. 重罪，是指故意实施的法律规定的刑罚重于 2 年监禁的犯罪行为。其他的犯罪行为为轻罪。

并合罪

第 12 条

1. 并合罪，是指行为人的一个或者更多的行为符合不止一个的犯罪构成要件，且这些犯罪在同一次诉讼程序中被判决的。

2. 如果行为人基于概括的决意、在间隔较短的多次时机、针对同一受害人实施相同的犯罪的，属于连续犯，不属于并合罪。

故意与过失

第 13 条

犯罪故意，是指行为人对其行为所导致的结果持希望或者容认态度。

第 14 条

犯罪过失，是指行为人已经预见其行为可能发生的结果但轻信能够避免，或者由于疏忽未给予应有的注意或者保持应有的谨慎，从而未能预见结果发生的可能性。

第 15 条

如果行为人对附随于犯罪基本构成之特定结果而发生的更重的法定结果，在主观方面至少存在过失时，应当对这一结果承担刑事责任。

第二节　未遂和预备

未遂和预备

第 16 条

行为人着手故意犯罪的实行行为，但未完成犯罪的，应以犯罪未遂追究刑事责任。

第 17 条

1．对犯罪未遂适用犯罪既遂的刑罚条款。

2．如果犯罪未遂是针对不可能的对象或者使用不可能的工具实施的，可以无限制地减轻处罚，甚至可以免除处罚。

3．如果行为人在犯罪行为尚未完成之前基于自愿放弃完成犯罪，或者在犯罪结果发生之前自动有效地防止其发生的，不应作为犯罪未遂处罚。

4．如果第 2 款和第 3 款规定的未遂已经独立地构成其他犯罪的，应当对行为人以该其他犯罪追究刑事责任。

第 18 条

1．行为人为犯罪的实行准备所需要的条件或者为之提供便利，或者为实行犯罪发出要约邀请、要约或者承诺，或者就共同实行犯罪达成合意的，如果法律有特别的规定的，应以犯罪预备追究刑事责任。

2. 具有下列情形之一的，不应当以犯罪预备追究刑事责任：

a）在着手实行犯罪之前基于自愿放弃着手的；

b）为了阻止犯罪的着手实行而撤回其要约邀请、要约、承诺或者竭力使其他参与人放弃犯罪的着手，而无论因为何种原因而未着手犯罪实行行为的；

c）向有权机关报告将实行的犯罪的。

3. 如果第 2 款规定的预备已经独立地构成其他犯罪的，应当对行为人以该其他犯罪追究刑事责任。

第三节　犯罪行为人

犯罪行为人

第 19 条

犯罪行为人包括正犯和共犯（共同正犯、教唆犯和从犯）。

第 20 条

1. 正犯，是指实施犯罪的法定构成要件行为的人。

2. 共同正犯，是指相互知悉彼此的行动而共同实施故意犯罪法定构成要件行为的人。

第 21 条

1. 教唆犯，是指故意唆使他人实行犯罪的人。

2. 从犯，是指故意为犯罪的实行提供帮助的人。

3. 为正犯规定的刑罚条款，也应当适用于共犯。

第三章　刑事责任阻却事由

第一节　刑事追诉阻却事由

刑事追诉阻却事由

第 22 条

下列事由阻却刑事责任：

a）未成年；

b）精神病；

c）强制和胁迫；

d）错误；

e）行为的社会危害性程度非常轻微；

f）正当防卫；

g）紧急避险；

h）没有提起自诉；

i）法律规定的其他事由。

未成年

第 23 条

在实施行为时未满 14 周岁的人，不负刑事责任。

精神病

第 24 条

1. 处于精神病状态——尤其是处于极度精神错乱、弱智、狂乱、意识或者人格错乱状态——因而不能辨认其行为的后果或者不能根据辨认而行为的人，不对其行为承担刑事责任。

2. 如果其精神病状态对行为人辨认其行为后果的能力或者根据辨认而行为的能力造成一定障碍的，可予以不受限制的减轻处罚。

第25条

行为人由于自己的过错而陷入醉态或者精神麻痹状态，在此状态下实施行为的，不能适用第24条的规定。

强制和胁迫

第26条

1. 行为人在使其无法按照自己意志自由行为的强制或者胁迫的作用下实施行为的，不承担刑事责任。

2. 如果强制或者胁迫对行为人按照其意志行为的能力形成一定限制的，可以不受限制地减轻处罚。

错误

第27条

1. 行为人对其无法认识的行为所导致的事实，不承担刑事责任。

2. 行为人错误地认为其行为无社会危害性并且有合理的依据支持这一认识的，不承担刑事责任。

3. 如果行为人存在过失并且法律也规定处罚这类过失行为的，错误不能阻却刑事责任。

行为的社会危害性程度非常轻微

第28条

行为人所实施的行为具有的社会危害性非常轻微，以至即使科处法律所规定的最轻刑罚都没有必要时，不追究刑事责任。

正当防卫

第29条

1. 为了阻止本人或者他人的人身、财产或者公共利益受非法侵害或者防止正在危及上述权益的将即刻发生之非法侵害的发生，而采取的行为，不承担刑事责任。

2. 在防卫过当的情况下，如果防卫人是因为惊恐或者合理的激情而未能认识到超过必要限度的，也不承担刑事责任。

3. 如果防卫人因为惊恐或者合理的激情而限制其对防卫限度的认识能力的，可予以不受限制的减轻处罚。

紧急避险

第 30 条

1. 为了救助本人或者他人的人身、财产或者公共利益免受即将发生之危险，而迫不得已实施的行为，如果危险的发生不能归责于避险人而且其所造成的损害小于其所努力避免的损害时，不承担刑事责任。

2. 在所造成的损害等于或者大于其所努力避免的损害的情况下，如果避险人是因为惊恐或者合理的激情而未能认识到损害程度的，也不承担刑事责任。

3. 如果避险人因为惊恐或者合理的激情而限制其对损害程度的认识能力的，可予以不受限制的减轻处罚。

4. 以面对危险并与之斗争为职业的人为了本人利益而实施的行为，不能适用紧急避险的规定。

没有提起自诉

第 31 条

1. 在本法有明文规定的情况下，只能基于自诉追究犯罪行为的刑事责任。

2. 被害人有权利提起自诉。

3. 如果被害人属于限制行为能力人的，也可以由其法定代理人提起自诉；如果被害人属于无行为能力人的，可以由其法定代理人独自提起自诉。在前述情况下，监护机关也有权提起自诉。

4. 如果有权提起自诉的被害人死亡的，其亲属有权提起自诉。

5. 针对犯罪行为人中任何一人提起的自诉，对所有的行为人发生效力。

6. 所提起的自诉不可以撤回。

第二节 刑事责任消灭事由

刑事责任消灭事由

第 32 条

刑事责任基于下列事由而消灭：

a）行为人死亡；

b）超过追诉时效；

c）赦免；

d）行为已经不再具有社会危害性或者危害性变得非常轻微；

e）法律规定的其他事由。

刑事责任的追诉时效

第 33 条

1. 刑事责任的追诉权经过下列期限后消失：

a）对于可能判处终身监禁的重罪，超过 20 年；

b）对于其他犯罪，经过与所应适用的法定刑的上限相同的期间，但最少不能低于 3 年。

2. 下列犯罪不适用追诉时效的规定：

a）1945 年第 81 号法令第 11 条、第 13 条规定的战争犯罪（由 1945 年第 7 号法案规定为法律，然后被 1945 年第 1440 号法令修正、补充）；

b）其他反人类罪（第十一章）；

c）具有特定加重情节的谋杀罪（第 166 条第 2 款 a－h 项）；

d）具有特定加重情节的绑架罪和具有特定加重情节的针对上级军官、其他军官实施暴行罪（第 175 条 A 第 4 款、第 355 条第 5 款 a 项）；

e）恐怖主义罪，劫持航空器、铁路、水运、陆路交通工具或者货运交通工具罪，具有特定加重情节的叛乱罪 3 种犯罪行为的实施中，如果具有故意导致人员死亡的情形的（第 261 条第 2 款 a 项、第 262 条第 2 款、第 352 条第 3 款 b 项）。

第 34 条

时效期间的开始计算之日为：

a）既遂犯罪，为法定的犯罪构成事实符合之日；

b）犯罪未遂或者犯罪预备，为行为终了之日；

c）纯正不作为犯罪，为刑法规定的结果尚未发生之前行为人本来能够履行其义务之日；

d）不法状态持续存在的犯罪，为不法状态结束之日。

第 35 条

1. 刑事司法机关对行为人就其犯罪行为实施刑事诉讼活动的，追诉时效期间应当中止。时效期间将从中止之日起重新计算。

2. 如果刑事诉讼程序中止的，诉讼程序中止期间不应计算在追诉时效期间内。如果刑事诉讼程序的中止是由于侦查活动不能确定行为人或者不知行为人在何处，或者是由于行为人处于精神病状态而造成的，不适用本规定。

3. 在刑事诉讼程序因为人身豁免而延期或者中止的情况下，如果适用豁免的主体已经有能力进行诉讼而中止其豁免，或者因为该主体不同意启动或者继续诉讼程序，所延误的期间不应计入法定的时效期间。对原告提起自诉的刑事案件，不能适用本规定。

4. 对缓刑（第72条）案件，缓刑期间不应计算在追诉时效期间内。

行为的社会危害性消失

第36条

行为人所实施的行为和人身在判决时已经不再具有社会危害性，或者行为和人身的社会危害性程度已经非常轻微，以至即使科处本法所规定的最轻刑罚都没有必要时，不应追究刑事责任。

第四章　刑罚与处分措施

第一节　刑　罚

刑罚的目的

第37条

刑罚是本法典针对犯罪行为所规定的合法的损害。刑罚的目的是预防——为了保护社会——犯罪人和其他人实施犯罪行为。

刑罚的种类

第38条

1. 主刑

(1) 监禁；

(2) 公益劳动；

(3) 罚金。

2. 附加刑

(1) 禁止从事公共事务；

(2) 禁止从事职业；

(3) 禁止驾驶；

(4) 驱逐；

（5）驱逐出境；

（6）（废止）；

（7）作为附加刑的罚金。

3．如果符合其他的所有司法条款，第2款第2至5项的附加刑可以替代任何主刑（第88条）而独立适用。

极刑

第39条（废止）

监禁

第40条

1．监禁包括终身监禁和有期监禁。

2．有期监禁的最短和最长期间分别为2个月和15年；在数罪并罚判决时和与有组织犯罪有关的犯罪中，最高刑期为20年。

3．只有在实施犯罪行为之时年满20周岁的人，才能够适用终身监禁。

第41条

1．监禁应当在刑罚执行机构中执行，这些机构可以分为高度警戒监狱、监狱和拘留中心3个等级。

2．监禁的执行顺序、罪犯的权利和义务，由专门的法规加以规定。

3．在监禁执行期间，与刑罚目的相矛盾的罪犯的公民权利义务，尤其是从事公共事务的权利义务，应当被中止。

第42条

1．终身监禁，应当在高度警戒的监狱内执行。

2．如果是因为下列犯罪而被判处3年或者3年以上的监禁，也应当在高度警戒的监狱内执行：

a）危害国家罪和反人类罪（第十章和第十一章）；

b）（1）恐怖主义行为罪（第261条），劫持航空器、铁路、水运、陆路交通工具或者货运交通工具罪（第262条），非法使用炸药、爆炸剂罪（第263条），非法使用枪支、弹药罪（第263条A第1至3款），走私武器罪（第263条B），参加犯罪组织罪（第263条C），非法使用国际条约禁止的武器罪（第264条C）；

（2）谋杀罪（第166条第2款）、绑架罪（第175条A第2至4款）、贩卖人口罪（第175条B第3至5款）、强奸罪（第197条第2至3款）、猥亵袭击罪（第198条第2至3款）、制造公共危险罪（第259条第2至3款）、违反国际法义务罪（第261条A第3款）、加重情节的抢劫罪（第321条第3至4款）；

（3）加重情节的非法使用毒品罪（第282条第2款、第282条A第2至3款、第282条B第2至3款）；

c）可能判处终身监禁的军事犯罪（第二十章）。

3. 如果罪犯属于累犯或者因为实施与有组织犯罪有关的犯罪而被判处刑罚的，所判处的监禁刑期为2年或者2年以上的，应当在高度警戒的监狱服刑。这一规定不适用于再犯。

第43条

除第42条规定的情形之外，如果罪犯具有下列情形之一，其监禁应当在监狱内执行：

a）因为重罪而被判处监禁；

b）因为轻罪而被判处监禁，但属于累犯的。

第44条

除非属于累犯，因为轻罪而被判处的监禁应当在拘留中心执行。

第45条

1. 在法院判处监禁刑时，应当确定是在高度警戒的监狱、监狱或者拘留中心执行。

2. 考虑到作为刑罚适用基础的情节（第83条）——特别是

行为人的人格和犯罪的动机——可以确定适用比前述规定的执行方式严格一等或者轻缓一等的执行方式。

第46条

1．如果罪犯在刑罚执行期间有良好的行为表现的，法院可以裁定其剩余的刑期以轻一等级或者更轻的执行方式执行；如果罪犯在此期间再次地或者严重地扰乱刑罚执行秩序的，法院可以裁定其剩余刑期以重一等级的执行方式执行。

2．根据罪犯变化以后的行为表现，法院可以撤销其根据第1款规定所作出的裁定。

假释

第47条

1．被判处有期监禁的罪犯，如果被合理地认为——主要考虑其在刑罚执行期间的良好行为表现和以守法的生活方式实施行为的准备情况——不继续监禁也能实现刑罚目的的，法院可以决定将其假释。

2．罪犯所服刑期至少达到下列期间，才能适用假释：可在高度警戒的监狱内执行的刑罚，至少服完4/5的刑期；可在监狱内执行的刑罚，至少服完3/4的刑期；可在拘留中心内执行的刑罚，至少服完2/3的刑期。

3．如果所判处的刑罚为不足3年的监禁的，对于符合特别对待条件的案件，在判决刑期执行完1/2以后，法院可以考虑对之适用假释。

4．下列人员不能适用假释：

a）在因前罪被判处可执行监禁[①]之后而未执行完毕之前，又

① 可执行监禁（executable imprisonment）是指应当实际执行的监禁，与适用缓刑而不实际执行的监禁相对应——译者注。

因实施故意犯罪而被判处监禁的罪犯；

b）被判处的监禁服刑不足2个月的罪犯；

c）（废止）；

d）因实施有组织犯罪相关的犯罪而被判刑的罪犯；

e）（废止）。

5.（废止）。

第47条A

1. 对于适用终身监禁的判决，判决书应当规定有资格适用假释的最早日期，或者对其没有假释资格一事作出规定。

2. 如果法院没有否定其假释资格的，适用假释而释放的最早日期应当在服刑满20年以后，如果是因为不受追诉时效限制的犯罪而被判处终身监禁的，最早日期应当在服刑满30年以后。

第47条B

1. 罪犯在终身监禁的服刑期间，因为在被判处终身监禁之前所实施的另一罪行而被判处有期可执行监禁的，法院应当将适用假释而释放的最早日期往后推迟，所推迟的时间与其被判处的有期监禁的刑期相同。

2. 因假释而已被释放的判处终身监禁的罪犯，如果因为判处终身监禁之前的罪行而被判处有期可执行监禁的，法院应当撤销假释，并且应当推迟以后适用假释而释放的最早日期，所推迟的时间与其被判处的有期监禁的刑期相同。

3. 罪犯在终身监禁的服刑期间，因为在被判处终身监禁之后所实施的另一罪行而被判处有期可执行监禁的，法院应当将适用假释而释放的最早日期往后推迟，所推迟的时间与其被判处的有期监禁的刑期相同或者为5年以上20年以下的期间。

4. 因假释而已被释放的判处终身监禁的罪犯，如果因为在终身监禁服刑期间所实施的罪行而被判处有期可执行监禁的，法院应当撤销假释，并且应当推迟以后适用假释而释放的最早日期，所推迟的时间与其被判处的有期监禁的刑期相同或者为5年以上20年以下的期间。

5. 判处终身监禁的罪犯因假释而已被释放后，如果因为在假释之后所实施的罪行而被判处有期可执行监禁的，法院应当撤销假释，并且应当推迟以后适用假释而释放的最早日期，所推迟的时间与其被判处的有期监禁的刑期相同或者为5年以上20年以下的期间。

第47条C

1. 被判处终身监禁的罪犯，在所服刑期达到法院确定的期间而且被无合理怀疑地认定对之不继续监禁也能实现刑罚的目的的，可以适用假释。

2. 如果被判处终身监禁的罪犯又因为其他罪行而被判处另一个终身监禁的，不能适用假释。第二个终身监禁应当在第一个终身监禁的刑期执行完毕以后才能执行。

第48条

1. 假释的期间与监禁的剩余刑期相同，但最低不能少于1年，对于终身监禁最低不能少于15年。

2. 如果监禁的剩余刑期不足1年而且法院未在假释期间对其执行作出上述裁定，在假释期间结束后，其刑罚从剩余刑期届满之日起视为执行完毕。

3. 在假释期间（但最低不能少于1年），可以将被假释的罪犯置于假释官的监督之下。

4. 如果罪犯因为在假释期间实施的犯罪而被判处可执行监禁的，法院应当撤销假释。如果罪犯被判处其他刑罚或者违反了有关的假释期间行为规范的，法院可以撤销假释。

5．在撤销假释的案件中，所经历的假释期间不能计算为监禁的刑期。

第 48 条 A

1．如果罪犯被判处数个不能并罚的有期监禁而被针对其中的某一个监禁被适用假释的，在服其他监禁的刑期时，不能基于前一假释的理由而适用假释。

2．如果法院针对数个监禁适用假释的，该假释的期间对这数个监禁刑期均适用。

3．对于第 48 条第 4 款规定的情形，应当针对同时发生的数个假释期间中的具体期间，分别地认定是否符合假释的撤销条件。

公益劳动

第 49 条

1．被判处公益劳动的罪犯，有义务履行法院判决中为其规定的劳动任务。在此期间不能对罪犯的人身自由施加其他限制。

2．应当考虑罪犯的健康状态和受教育程度，为其指定在公益劳动期间有能力胜任的工作。

3．除非法律有另外规定，罪犯至少应当在每周中的一天从事无报酬的公益劳动，具体时间既可以是工作日的休息时间也可以是休息日。

4．公益劳动的最短期间为 1 日，最长期间为 50 日。公益劳动的 1 个工作日应当包括 6 个工作时。

第 50 条

1．如果罪犯不自觉地履行其劳动义务的，应当将整个或者剩余的公益劳动替代为监禁。这种监禁应当在拘留中心执行。

2．用监禁替代整个或者剩余的公益劳动的，应当按照 1 日公益劳动折算为 1 日监禁的方法进行。在此种情形下，监禁的期间可以低于 2 个月。

罚金

第 51 条

1．在科处罚金时，罚金的日数应当根据犯罪行为的实际获取和企图获取的多少来确定。罚金的日额应当根据行为人的经济状况、收入、必需的开支来确定。

2．罚金日数为 50 日以上 540 日以下。罚金的日额为 100 福林以上 2 万福林以下。①

第 52 条

罪犯不支付罚金的，应将罚金替代为可在拘留中心执行的监禁。1 日的罚金日数将被替代为 1 日的监禁。在此种情形下，监禁的期间可以低于 2 个月。

禁止从事公共事务

第 53 条

因为故意犯罪而被判处可执行监禁且不适合行使参加公共事务权利的罪犯，应当被禁止行使这一权利。

第 54 条

1．被禁止从事公共事务的人：

a）不能参加公共代表机构成员的选举、公民投票、行使人民动议权；

b）不能担任公务员；

c）不能在公共代表机构的机关（委员会）中担任职务；

d）不能在社会组织、公法人组织、公共基金组织中担任职务；

e）不能获得军衔；

f）不能授予国内勋章和不被允许接受外国勋章。

① 福林（Hungarian Forint，简称 HUF）为匈牙利货币单位——译者注。

2. 当判决不能再上诉时，被禁止从事公共事务的人将失去：

a）第 1 款规定予以剥夺的各类成员资格、地位、职位、委任、授予；

b）军衔、国内勋章和接受外国勋章的权利。

第 55 条

1. 禁止从事公共事务的期间为 1 年以上 10 年以下。

2. 禁止从事公共事务的期间，从判决不能再上诉之日起开始计算。禁止从事公共事务所涉权利依据第 41 条第 3 款的规定而暂时剥夺的期间，或者罪犯逃避监禁的执行的期间，不应当计算在上述期间内。如果假释没有被撤销的，假释期间应当计算在禁止从事公共事务的期间内。

禁止从事职业

第 56 条

1. 实施下列犯罪行为之一的人，可以禁止其从事职业：

a）因为违反需要特定从业资质条件之职业的职业规范而构成犯罪；

b）利用其职业故意实施犯罪。

2. 在禁止从事职业作为附加刑适用时，下列情形也视为职业：犯罪人是对一个组织进行全面管理的机关的成员或者负责人；是某一合作团体的管理机构或者监事会的成员；商业社团的负责人或者其监事会成员。

第 57 条

1. 禁止从事职业，既可以是永久性的，也可以是有特定期限的。对行为人不适合或者不值得禁止从事所涉职业的，可以免予适用永远禁止从事职业。禁止在特定期间从事职业的期间为 1 年以上 10 年以下。

2. 关于计算禁止从事公共事务期间的规定（第 55 条第 2

款），也相应地适用于禁止从事职业的案件。

3．在禁止在特定期间从事职业的案件中，如果从事该职业需要特定的资质条件，在职业禁止被解除后，行为人可以提供其具有该职业所需技能的充足证据以申请重新从事该职业。如果行为人已经被禁止从事该职业10年以上且已经适宜或者值得从事该职业的，法院可以决定对其撤销永久禁止从事职业。但是如果该行为人所被适用的职业禁止是因为其实施了与有组织犯罪相关的犯罪，而且被法院认为其不值得从事该职业而被永久禁止从事该职业的，不得适用前述撤销规定。

禁止驾驶交通工具

第58条

1．以违反需要执照驾驶的交通工具的驾驶规则的方法实施犯罪的人，或者为了实施犯罪而使用交通工具的人，可以适用禁止驾驶交通工具。

2．禁止驾驶交通工具，也可以适用仅仅针对特定种类的交通工具。

第59条

1．禁止驾驶交通工具应当有明确的效果或者明确的期间。对不适宜驾驶交通工具的人，可以有效地禁止驾驶。禁止驾驶的确定期间为1年以上10年以下。

2．关于计算禁止从事公共事务期间的规定（第55条第2款）、关于证明从事某一职业所需技能的规定（第57条第3款）和关于撤销永久禁止从事职业的规定（第57条第3款），也相应地适用于禁止驾驶交通工具的案件。

驱逐

第60条

1. 在本法有明确规定的情况下，如果被判处监禁的罪犯的居留会危害一定地区的公共利益的，可以将其从此类的一个地区、多个地区或者本国的特定地域驱逐出去。

2. 驱逐的期间为1年以上5年以下。关于计算禁止从事公共事务期间的规定（第55条第2款），也相应地适用于驱逐。

驱逐出境

第61条

1. 非匈牙利公民的犯罪人，不适宜停留在匈牙利的，应当从匈牙利共和国领域驱逐出去。被驱逐出境的罪犯应当离开匈牙利领域，而且在被驱逐出境期间不得返回匈牙利。

2. 根据法律规定被赋予难民地位的人，不能适用驱逐出境。

3. 驱逐出境的命令，既可以是永久性的，也可以是有特定期间的。如果根据行为的性质和行为人的相关情况来看，行为人停留在匈牙利境内将会严重危及公共安全的，可以将其永久地驱逐出境。特定期间的驱逐出境，其期间为1年以上10年以下。

4. 驱逐出境在判决效力确定时生效。罪犯所被判处的监禁的服刑期间，不应当计算在驱逐出境的期间内。

5. 对于被永久驱逐出境的人，在被驱逐出境满10年后，基于其申请，如果法院认为撤销驱逐出境是适当的，可以撤销对其永久驱逐出境的处罚。

没收财产

第62条（废止）

第63条（废止）

作为附加刑适用的罚金

第 64 条

1. 对被判处特定期间监禁且有相应收入或者财产的人：

a）如果是以牟利为目的而实施犯罪的，应当判处罚金作为附加刑；

b）如果罚金能够更为有效地制约其实施新的犯罪的，可以判处罚金作为附加刑。

2. 作为附加刑予以适用的罚金为 1 万福林以上 1 千万福林以下。

3. （废止）。

第 65 条

1. 对于不能支付罚金的案件，作为附加刑予以适用的罚金应当被易科为在拘留中心执行的监禁。但如果主刑必须执行的，作为附加刑的罚金所易科的监禁的执行方式等级应当根据主刑的执行方式等级而定。

2. 作为附加刑的罚金易科为监禁的，按照 1000 至 15000 福林折抵为 1 天的标准进行计算。监禁替代作为附加刑的罚金的，其期间为 1 天以上 2 年以下。

行刑阻却事由

第 66 条

下列事由将阻却刑罚的执行：

a）罪犯死亡；

b）超过追诉时效；

c）赦免；

d）本法典规定的其他事由。

行刑时效

第 67 条

1．主刑的行刑时效期间为：

a）15 年的监禁或者更重的刑罚，经过 20 年；

b）10 年或者 10 年以上的监禁，经过 15 年；

c）5 年或者 5 年以上的监禁，经过 10 年；

d）不满 5 年的监禁，经过 5 年；

e）公益劳动或者罚金，经过 3 年。

2．驱逐出境的时效期间为：

a）期间为 5 年或者 5 年以上的，经过 10 年；

b）期间不满 5 年的，经过 5 年。

3．作为附加刑适用的罚金的时效为 3 年。

4．因为 1945 年第 81 号法令第 11 条和第 13 条规定的战争犯罪（由 1945 年第 7 号法案规定为法律，然后被 1945 年第 1440 号法令修正、补充）而被判处 15 年监禁或者更重刑罚的，或者因为其他反人类罪（第十一章）而被判处刑罚的，不受行刑时效的限制。

第 68 条

1．主刑的行刑时效期间从科处刑罚的裁判不可再上诉而生效时开始计算，如果刑罚被附考验期停止执行的，从考验期届满之日起计算。如果罪犯在监禁执行期间脱逃的，时效期间应当从其脱逃之日起重新计算。

2．如果驱逐出境附加于主刑适用的，其时效期间从主刑执行完毕或者不再继续执行之日起算，或者从其他案件的裁判生效之日起算。

3．作为附加刑适用的罚金的行刑时效，从主刑执行完毕之日或者停止执行之日起算，如果监禁被附考验期停止执行的，从考验期届满之日起算。

4．为了执行刑罚而对罪犯采取相应措施的，行刑时效中止。时效将从中止之日重新计算。

5．在罚金作为附加刑适用的案件中，为了执行主刑或者附加刑而采取任何措施的，主刑和附加刑的行刑时效同时中止。

适用终身监禁时不再执行的刑罚

第 69 条

在对罪犯适用终身监禁的案件中，所判处的有特定期间的监禁和公益劳动不应当再执行。

第二节　处分措施

处分措施的种类

第 70 条

1．处分措施包括下列类型：

（1）训诫；

（2）缓刑；

（3）强制医疗；

（4）酗酒强制治疗；

（5）没收；

（6）没收财产；

（7）交缓刑官监管；

（8）与法人刑事责任有关的制裁。

2．第 1 款第 1 至 3 项规定的处分措施可以替代刑罚而独立适用，第 4 项规定的处分措施可以附随于刑罚适用，第 5 至 6 项规定的处分措施既可以独立适用也可以附随于刑罚适用，第 7 项规定的处分措施可以附随于刑罚或者其他处分措施适用。

3. 第1款第8项规定的处分措施，应当根据其他立法中的具体规定予以适用。

训诫

第71条

1. 对由于行为的社会危害性程度非常轻微（第28条）或者社会危害性程度变得非常轻微（第36条）而不应当追究刑事责任的人，应当予以训诫。

2. 对由于其行为不再具有社会危害性（第36条）或者其行为由于本法典规定的其他原因（第32条e款）而不再具有可罚性的人，也可以予以训诫。

3. 有权机关通过训诫的方式，表达对行为人行为的谴责，并要求行为人在以后约束自己不再实施犯罪。

缓刑

第72条

1. 因为轻罪或者重罪而被判处不超过3年的监禁的罪犯，如果有确实的理由相信有助于实现矫正目的的，法院可以对其适用缓刑。

2.（废止）

3.（废止）

4. 对多次累犯不能适用缓刑。

5. 缓刑的期间为1至3年；缓刑期间应当确定为整数的年数。

6. 对被适用缓刑的人，可以将其交付一个缓刑官监管。如果被缓刑人是累犯的，应当将其交付一个缓刑官监管。

第73条

1. 如果被缓刑人违反交缓刑官监管的行为规范的，可以将其缓刑期间延长一次，但延长的期间不得超过1年。

2．如果被缓刑人严重地违反缓刑行为监管规定，或者因为其在缓刑期间或者缓刑之前所犯的罪行而在缓刑期间被判决有罪的，应当撤销缓刑并执行刑罚。

3．如果没有出现第2款规定的情况，在缓刑期满以后，行为人的刑事责任应当就此终结。

强制医疗

第74条

1．行为人实施暴力人身侵害行为或者有公共危险性的侵害行为，但因为行为人处于精神病状态而不应承担刑事责任的案件，如果没有精神病其行为应判处重于1年监禁的刑罚，而且被认为其可能再次实施类似行为的，应当决定对其强制医疗。

2．强制医疗应当在为此目的而指定的封闭的机构内执行。

3．如果其必要性消失的，应当终止强制医疗。

酗酒强制治疗

第75条

如果行为人所犯罪行与其酗酒的生活方式有关，并且被判处超过6个月的可执行监禁的，可以决定对其强制治疗。

第76条（废止）

没收

第77条

1．下列物品应当被没收：

a）实际或者意图作为实施犯罪行为的工具而被使用的物品；

b）持有状态会对公共安全构成威胁或者持有状态属于非法的物品；

c）由犯罪行为所产生之物品；

d）意图通过实施犯罪行为得到的物品。

2．犯罪行为所获得的中间产品，应当被没收。

3．对于第 1 款 a 项和 d 项规定的情况，如果物品不归行为人所有的，除非其所有人对犯罪行为的实施有明知或者有关国际公约强制性地规定应当没收，不应当予以没收。

4．即使因为行为人属于未成年、精神错乱或者因为行为的社会危害性程度轻微而不应当追究刑事责任的，也不影响没收的适用。

5．针对行为所判处的刑罚已过法定的时效期间或者所经历的期间超过 5 年的，不应当决定适用没收。

6．如果被没收的物品属于没收财产所指的物品范围之内的，不应当对之决定适用没收。

7．除非法律另有规定，被没收的物品应当移交给国家。

第 77 条 A

1．对第 77 条第 1 款 a 项和 d 项规定的没收，在特殊的情况下应当放弃：如果没收将会给行为人或者所有人带来与犯罪行为的严重程度不相称的责任，而且国际公约也不禁止放弃此种没收的。

2．对与有组织犯罪有关的罪行，不适用第 1 款的规定。

没收财产

第 77 条 B

1．下列对象属于应当被没收的财产：

a）行为人在犯罪过程中或者与犯罪相关的情形下所获得的产生于犯罪活动的任何金融收益或者权利；

b）与有组织犯罪相关的犯罪的行为人获得的任何金融收益或者权利；

c）行为人在犯罪过程中或者在与犯罪相关的情形下所获得的任何金融收益或者权利经过转换而形成的其他任何金融收益或者权利；

d）用于或者企图用于为犯罪的实施提供资助的任何财产；

e）作为金融收益标的的任何财产。

2. 如果行为人在犯罪行为实施过程中或者与犯罪行为有关的情形中，所取得的产生于犯罪行为的任何金融收益或权利，导致其他人的财产增加的，这些收益或者权利应当被没收。如果这些收益或者权利被法人获得的，也应当被没收。

3. 行为人或者第 2 款规定的利益获得者死亡，或者法人发生变更的，应当从继承人那里没收其所继承的财产权益。

4. 在第 1 款 b 项规定的情形下，行为人在其参与有组织犯罪期间所获得的所有财产，在被证实来源于其他途径之前都应当被没收。

5. 下列财产不能被没收：

a）刑事诉讼中判决确定准备用于支付民事权利请求的财产；

b）作为报酬而真诚地获得的财产；

c）如果第 1 款 b 项所规定的财产被证明是合法的财产。

第 77 条 C

1. 在下列情况下，应当确定没收财产的具体数额：

a）如果该财产无法复原的；

b）如果第 77 条 B 规定的应没收财产无法从其他财产中区分出来，或者将其区分出来存在超出合理限度的困难；

c）第 77 条 B 第 5 款 b 项规定的情形。

2. 即使因为行为人属于未成年、精神错乱或者因为行为的社会危害性程度轻微而不应当追究刑事责任的，也不影响没收财产的适用。

3. 除非法律另有相反规定，被没收的财产应当成为国家财产。

4. 在适用第 77 条 B 和第 77 条 C 的过程中，任何收益、无形财产、任何货币价值的请求权、任何金融收益或权利，都应当被视为财产。

严格监护

第78条（废止）

第79条（废止）

第80条（废止）

第81条（废止）

交缓刑官监管

第82条

1. 如果需要对行为人进行规范的监督以使其成功地度过假释期间（第48条）或者缓刑期间（第72条、第89条）的，可以对之适用交缓刑官监管。在监禁的假释和缓刑案件中，对累犯应当适用交缓刑官监管（第72条、第89条第6款）。

2. （废止）

3. 第1款规定的交缓刑官监管的期间，应当与假释或者缓刑期间相同。

4. （废止）

5. 置于缓刑官监管下的人员应当遵守法律规定的行为规范和法院的决定、与缓刑官保持经常的联系、向缓刑官提供进行监督所需要的信息。

6. 本着有利于被监管人从事与其能力相适应的工作和追求守法的生活方式的原则，行为规范应当规定其应尽的义务和被禁止的行为。尤其应当规定与工作、收入的使用、定期报告、可能发生的所需的医疗相关的义务，以及擅自改变住所和工作地点、造访特定场所、与特定人员交往等被禁止性的行为。

第五章　刑罚的适用

刑罚适用的原则

第 83 条

1. 应当在法律规定的范围内适用刑罚，刑罚的适用应当充分地考虑刑罚的目的（第 37 条），也应当与犯罪行为的社会危害性和行为人的人身危险性相适应、与责任的程度相适应、与其他加重或者减轻量刑情节相适应。

2.（废止）

3.（废止）

4.（废止）

第 84 条（废止）

刑罚的加重

第 85 条

1. 对并合罪（第 12 条），应当适用一个刑罚。

2. 并合罪应适用的主刑，应当以被并合之数罪的法定刑之中最重的法定刑为基准确定。

3. 如果行为人实施了依法应当判处有期监禁的 2 个或 2 个以上的犯罪行为，在进行并罚时，应当将第 2 款中规定的应适用的法定刑的上限提高 1/2，但最高不得达到被并合各罪之法定最高刑的总和。

第 85 条 A

1. 在放弃审判权利的案件（《刑事诉讼法》第二十五章）中，也应当适用第 85 条第 1 款和第 2 款的规定对并合罪进行并罚。需要注意的是，对数个犯罪行为进行并罚的，其主刑应当以被并合各罪根据第 87 条 C 可适用的法定刑中最高的法定刑为基准确定。

2. 在放弃审判权利的案件（《刑事诉讼法》第二十五章）中，如果行为人实施了依法应当判处有期监禁的2个或2个以上的犯罪行为，在进行并罚时，应当将第87条C中规定的法定最高刑的上限提高1/2，但最高不得达到被并合各罪根据第87条C可适用的最高刑的总和。

第86条

1. 能够对被并合各罪适用的任何一种附加刑，也可以适用于并合罪。

2. 在加重处罚时，附加刑也不能超过本法典为其规定的最高数量或者期间。

刑罚的减轻

第87条

1. 如果根据第83条的规定适用法定刑之主刑的最低刑仍然太重的，可以适用比法定刑更轻的主刑。

2. 根据第1款的规定，如果适用于犯罪行为的刑罚为：

a）10年监禁，最多可以减轻至5年监禁；

b）5年监禁，最多可以减轻至2年监禁；

c）2年监禁，最多可以减轻至1年监禁；

d）1年监禁，可以减轻为刑期更短的监禁或者公益劳动；对需要予以特别对待的罪犯，如果根据其个人情况，上述刑罚仍然太重的，可以减轻为罚金；

e）不足1年的监禁，可以减轻为公益劳动或者罚金。

3. 对于犯罪未遂或者帮助犯、教唆犯，如果根据第2款a项至d项规定而适用的刑罚仍然太重的，应当适用第2款规定的等级的下一等级予以减轻处罚。

4. 如果本法典允许予以不受限制的减轻处罚的，可以适用任何一种刑罚的最轻刑。

5.（废止）

第 87 条 A（废止）

第 87 条 B（废止）

被告人放弃审判权利案件的刑罚适用

第 87 条 C

在被告人放弃审判权利的案件中（《刑事诉讼法》第二十五章），监禁的刑期不能超过下列标准：

a）对于可判处 5 年以上 8 年以下监禁的罪行，不能超过 3 年；

b）对于可判处 3 年以上 5 年以下监禁的罪行，不能超过 2 年；

c）对于可判处不满 3 年监禁的罪行，不能超过 6 个月。

替代主刑适用的附加刑

第 88 条

如果犯罪的法定刑不重于 3 年监禁，替代为附加刑也能实现刑罚的目的时，附加刑可以替代主刑而独立地适用。但在作为独立的刑罚予以适用时，只能适用某一种附加刑。

刑罚的停止执行

第 89 条

1. 如果有充分的理由——特别是关于罪犯的个人情况——认为不再继续执行刑罚也能实现刑罚的目的的，对剩余刑期不超过 1 年的监禁或者罚金，可以附加考验期而停止执行。

2. 在需要特别对待的案件中，对剩余刑期为 1 年以上 2 年以下监禁的罪犯，也可以决定予以附加考验期停止执行。

3. 罚金的停止执行考验期为 1 年，适用于轻罪的监禁的停止执行考验期为 1 年至 3 年，适用于重罪的监禁的停止执行考验期为 2 年至 5 年。停止执行考验期的期间应当确定为年的整数倍，但不能少于其被判监禁的刑期。

4. 如果行为人被多次判处同种刑罚且均被附考验期停止执行，且各次被判刑罚的停止执行考验期均未届满的，应当将其前一刑罚的停止执行考验期延长至后一刑罚的停止执行考验期届满之日。

5. 如果因为正在对罪犯执行某一监禁而不能决定对另一刑罚予以附考验期停止执行的，应当将停止执行考验期延长与正在执行的监禁的刑期相等的时间。

6. 在决定对罪犯被判处的监禁予以附考验期的停止执行的同时，可以对其适用交缓刑官监管；如果该罪犯属于累犯的，应当对其适用交缓刑官监管。

第 90 条

如果具有下列情形之一，不能适用附考验期停止执行：

a）在监禁被停止执行之前或者考验期间实施故意犯罪的；

b）（废止）

c）与实施有组织犯罪相关的犯罪有关；

d）（废止）

e）（废止）

第 91 条

1. 如果具有下列情形之一的，被停止执行的刑罚应当被继续实际执行：

a）罪犯虽然存在第 90 条规定的不能适用附考验期停止执行的事由，但还是被决定停止执行刑罚的，这一情况在考验期被证实的；

b）行为人在考验期实施犯罪而被判处可执行的监禁的；

c）行为人严重地违反交缓刑官监管的行为规范的。

2. （废止）

3．行为人在考验期实施犯罪而被判处予以缓刑的监禁、公益劳动或者可执行的罚金的，其被停止执行的罚金应当被实际执行。

第 91 条 A

在因为给予从宽处罚而适用停止执行的案件中，在决定将被停止执行的刑罚予以实际执行时，关于实际执行被停止执行的刑罚的规定（第 91 条第 1 款 b 项、c 项和第 3 款）应当及时地被适用。

刑罚的并罚

第 92 条

1．如果行为人被判处多个有期监禁，且其犯罪都实施于第一个判决生效之前的，最终的生效判决中所科处的所有刑罚应当被纳入到一个并罚的判决中。

2．（废止）

3．用以替代罚金或者公益劳动的监禁（第 50 条、第 52 条），不能被累加到并罚的刑罚中。

第 93 条

应当按照类似于刑罚加重的方法来确定并罚判决的期间。在任何情况下，并罚判决的刑期都不得低于被合并的数个判决中最重的判决的刑期，也不得超过所有被合并的判决的刑期的总和。

第 94 条

1．对执行方式等级不同的监禁进行并罚的，应当以执行方式等级最重的监禁作为并罚后的刑罚予以执行。但是，如果并罚后的监禁的期间为 3 年或者 3 年以上，或者行为人为多次累犯的，在确定并罚后的监禁之执行方式等级时应当对这些因素予以考虑。

2．如果适用第 1 款规定所确定的执行方式等级对罪犯造成不公正的损害的，可以确定适用低一等级的执行方式。

第 95 条（废止）

第 96 条

1. 附加刑不得累加并罚，替代罚金的监禁同样也不得累加并罚。

2. 在数个期间相同的附加刑中（作为附加刑适用的罚金除外），应当选择其中对罪犯相对更为不利的一种附加刑予以执行。在附加刑替代主刑予以适用时，也适用这一规定。

关于特别累犯和多次累犯的规定

第 97 条

1. 对于特别累犯和多次累犯适用监禁的，除非法律另有特别规定，对其所实施的新的犯罪，应当将该罪的法定刑上限加重1/2，但最高不得超过15 年。对数刑并罚和放弃审判权利的案件，应当在第 85 条第 2 款和第 87 条 C 规定的监禁刑期基础上加重1/2。

2. 只有在需要给予特别对待的案件中，才可以在第 87 条第2 款规定的基础上予以减轻处罚。

3. 如果本法典分则已经将累犯作为加重情节予以规定的，不应当适用第 1 款规定的相对较重的法律后果。

与有组织犯罪活动有关的犯罪

第 98 条

1. 任何人故意地实施与有组织犯罪相关的犯罪行为（第 137条第 8 款）的，应当对之适用 2 倍于该罪法定刑的刑罚，但最高不得超过 20 年。对数刑并罚和放弃审判权利的案件，应当分别适用第 85 条第 2 款和第 87 条 C 规定的刑期。

2. （废止）

3. 任何实施与有组织犯罪相关的犯罪的，都应当适用驱逐这一附加刑。

4．对于因为实施与有组织犯罪相关的犯罪而被判决有罪的案件，不得适用本法典关于犯罪共谋法律后果的规定。

候审羁押和家中软禁的刑罚折抵

第99条

1．无论最后被判处的刑罚是有期监禁、公益劳动、罚金还是作为附加刑适用的罚金，所有的候审羁押期间都应当在最后的判决中折抵。

2．在进行折抵时，1日候审羁押折抵1日公益劳动或者1日罚金日数。

3．1日公益劳动或者1日罚金日数折抵1日家中软禁；由法院根据监禁的警戒等级在判决中确定1日监禁折抵3至5日家中软禁。

4．进行第3款的折抵之后所剩余的家中软禁期间，应当被折算为1日监禁。

5．在折抵罚金的案件中，应当按照第65条第2款规定的方法进行计算。

第六章　前科消灭

前科消灭的后果

第100条

1．因为前科消灭，法律规定附随于有罪记录的不利后果将被免除。.

2．被消灭前科的人将被认为曾经无犯罪记录，而且也不必对其已被消灭的有罪认定予以说明。

3．行为人又实施新的犯罪行为的，本法典规定的附随于前科的不利后果不受该前科消灭的影响。

前科消灭的方式

第 101 条

犯罪前科可以因为下列原因而消灭：

a）法律的硬性规定；

b）法院的裁判；

c）赦免。

法定消灭方式

第 102 条

1. 下列情形下，根据法律的规定消灭有罪前科：

a）公益劳动、罚金、附加刑替代主刑而被适用的案件，为判决不能再上诉之日；

b）监禁被附考验期停止执行的案件，为考验期届满之日；

c）因犯过失轻罪而被判处监禁的案件，为刑罚执行完毕或者被停止执行之日；

d）因故意犯罪而被判处 1 年以下监禁的案件，不迟于从刑罚执行完毕或者被停止执行之日起满 3 年；

e）因故意犯罪而被判处 1 年以上 5 年以下监禁的案件，不迟于从刑罚执行完毕或者被停止执行之日起满 5 年；

f）因故意犯罪而被判处 5 年以上有期监禁的案件，不迟于从刑罚执行完毕或者被停止执行之日起满 10 年。

2. 在第 1 款 b 项规定的情况下，如果决定对行为人实际执行刑罚的，前科消灭不能随即生效或者将失去其效力。在这类案件中，应当根据其未被附考验期停止执行的被判刑罚确定其前科消灭时间。

3.（废止）

裁判消灭方式

第 103 条

1. 对于因故意犯罪而被判处实际执行监禁的罪犯，从其刑罚执行完毕或者停止执行之日起所经历的时间已经达到第 102 条第 1 款 d 项、e 项、f 项规定的期间的 1/2 后，如果法院认为其符合条件的，可以决定消灭其前科。

2. 在考虑是否符合条件时，应当考察其主刑服刑完毕以来的生活方式，在其有能力赔偿因其行为所造成的损失，尤其应当注意考察其是否已经赔偿损失。

第 104 条

1. 如果法院决定对罪犯被判处的监禁适用缓刑，且该罪犯符合消灭前科的条件的，法院可以决定预先消灭其前科。

2. 如果决定实际执行被附考验期停止执行的刑罚的，预先的前科消灭将停止生效。

前科消灭的协调适用

第 105 条

在某一附加刑被附加适用的案件中，不得免除罪犯附随于其有罪前科的不利后果，而且在附加刑执行完毕或者被停止执行之前，不得对其适用前科消灭。在法院决定预先消灭罪犯前科的情况下，作为附加刑的罚金、禁止从事职业和禁止驾驶交通工具这三种附加刑，不适用前述规定。

赦免消灭方式

第 106 条

匈牙利共和国总统可以赦免的方式使罪犯的前科消灭，即使对那些根据本法的前述规定本不得适用前科消灭的案件也可以行使这一权力。

第七章　关于未成年人的规定

未成年人

第 107 条

1. 未成年人，是指在实施犯罪时已满 14 周岁但未满 18 周岁的人。

2. 对未成年人，应当适用本章的例外规定和本法典其他规定。

刑罚和处分措施的适用

第 108 条

1. 对未成年人适用刑罚或者处分措施的主要目的，在于使未成年人向好的方向发展，变成有用的社会成员。

2. 当适用处分措施不能达到前述目的时，应当适用刑罚。

3. 只有在别无他法来实现处分措施或者刑罚的目的时，才可以适用含有剥夺人身自由内容的处分措施或者刑罚。

刑罚和处分措施

第 109 条

1. （废止）

2. 对未成年人也可以适用矫正机构教育这一处分措施。

监禁

第 110 条

1. 对未成年罪犯适用监禁的，无论其实施何种犯罪行为，监禁的最短期间为 1 个月。

2. 对实施犯罪时已满 16 周岁的未成年罪犯适用监禁的，监禁的最长期间为：

a）对于可能判处终身监禁的犯罪，为 15 年；

b）对于可能判处超过 10 年监禁的犯罪，为 10 年。

3．对实施可能判处终身监禁的犯罪时未满 16 周岁的未成年罪犯适用监禁的，监禁的最长期间为 10 年。

4．如果未成年人实施可能判处超过 10 年的监禁的犯罪的，除第 2 款和第 3 款规定的情形外，监禁的最长期间为 5 年。

5．在计算追诉时效的最后期限和累犯的起止时间时，应当适用第 2 款和第 4 款的规定。

第 111 条

1．对未成年人适用的监禁，应当在未成年人刑罚执行机构中进行。

2．如果具有下列情形之一的，其监禁应当在未成年人监狱执行：

a）未成年人因犯重罪而被判处 2 年或者更长期间的监禁的；

b）未成年人被判处 1 年或者更长期间监禁，但构成累犯，或者曾经因为故意犯罪而被判处矫正机构教育而又实施故意犯罪的。

3．除第 2 款规定的情形外，监禁应当在未成年人拘留中心执行。

4．如果在监禁开始执行时或者执行期间罪犯已满 21 周岁的，法院应当根据第 42 条至第 44 条的规定确定其监禁执行方式的等级。

假释

第 112 条

1．具备下列条件的，被判处监禁的未成年人可以被假释：

a）在未成年人监狱所服刑期至少已达被判刑期的 3/4；

b）在未成年人拘留中心所服刑期至少已达被判刑期的 2/3。

2.（废止）

公益劳动

第 113 条

对未成年人，只有在判决时其已经年满 18 周岁的，才可以判处公益劳动。

罚金

第 114 条

1. 如果未成年人有独立的收入或者相应的财产的，可以对其判处罚金。

2. 在罚金以及作为附加刑适用的罚金不能执行时，应当替代为监禁。

禁止从事公共事务

第 115 条

只有在被判处超过 1 年的监禁时，才可以对犯罪的未成年人适用禁止从事公共事务。

驱逐

第 116 条

对生活在适宜的家庭环境中的未成年人，不得对其适用从家庭居住的所在地区驱逐的处罚。

缓刑

第 117 条

1. 未成年人无论犯任何罪行，都可以适用缓刑。

2. 缓刑的期间为 1 至 2 年；缓刑的期间应当确定为年或者月的整数。

3. 在出现第 73 条第 2 款规定情况时，法院应当决定对其适用矫正机构教育或者对其执行刑罚。

矫正机构教育

第 118 条

1. 如果要实现对未成年人的成功教育需要将其置于某一机构中，法院应当决定对其适用矫正机构教育。

2. 矫正机构教育的期间为 1 年至 3 年。

3. 对于已经接受矫正机构教育满 1 年的未成年人，如果所受的矫正机构教育时间已达所判处的期间的 1/2，且基于充分的理由认为即使不继续接受矫正机构教育也能实现该处分措施的目的的，法院可以决定暂时释放该未成年人。暂时释放的期间为矫正机构教育的剩余期间，但在任何情况下都不得少于 1 年。

4. 如果该未成年人因为在暂时释放期间实施的犯罪被判处监禁或者被适用矫正机构教育的，法院应当终止暂时释放。如果法院对未成年人判处其他刑罚或者适用其他处分措施，或者该未成年人违反交缓刑官监管的规定的，法院可以决定终止暂时释放。

5. 在终止暂时释放的案件中，暂时释放所经过的期间不得计算在矫正机构教育的期间内。

6. 行为人年满 19 周岁的，应当将其从矫正机构释放。

交缓刑官监管

第 119 条

对被判处或者适用附考验期停止执行监禁、缓刑、假释、从矫正机构暂时释放的未成年人，以及被暂缓起诉的未成年人，应当交缓刑官监管。

刑罚的加重与刑罚的并罚

第 120 条

1. 在第 110 条第 2 款 a 项规定的情况下，被加重的刑罚和并罚后的刑罚不得超过 20 年监禁；在该条第 3 款 b 项规定的情况下，不得超过 15 年监禁；在该条第 4 款规定的情况下，不得超过 7 年零 6 个月监禁。

2. 在矫正机构教育和监禁并合适用的案件中，应当将监禁作为刑罚总量予以执行。如果实现第 108 条规定的目的需要延长监禁的期间，可以将监禁延长不超过 1 年的期间。但是，被延长的期间不得达到与余下的矫正机构教育期间相同的时间。

3. （废止）

合并的处分措施

第 120 条 A

1. 在法院多次决定对未成年人适用矫正机构教育，如果在决定合并执行时数个矫正机构教育均尚未执行的，或者数个矫正机构教育被连续不断地执行的，法院应当将数个矫正机构教育合并为一个处分措施适用于该未成年人。

2. 作为合并的处分措施的矫正机构教育，其期间最低不得少于被适用的数个矫正机构教育中最长一个的期间，最长不得超过该数个矫正机构教育期间的总和。即使在本款规定的情况下，矫正机构教育的期间最高不得超过 3 年。

候审羁押期间折抵刑罚

第 120 条 B

1. 整个候审羁押期间都应当折算在矫正机构教育的期间内。

2. 在折算时，1 日候审羁押期间应当折抵 1 日矫正机构教育。

免除附随于前科的不利后果

第 121 条

1. 根据法律规定的下列期间，消灭未成年人的有罪前科：

a）被判处的监禁被附考验期停止执行的案件，为判决不能再上诉之日；

b）因故意犯罪而被判处1年以下监禁的案件，为刑罚执行完毕或者被停止执行之日；

c）因故意犯罪而被判处1年以上5年以下监禁的案件，不迟于从刑罚执行完毕或者被停止执行之日起满3年。

2. 对于因故意犯罪而被判处1年以上监禁的罪犯，在其刑罚执行完毕后，如果其提出申请，且法院认为其符合条件的，可以决定消灭其前科。

3. 作为附加刑适用的罚金未被执行完毕或者未被停止执行的，不妨碍对未成年人适用前科消灭。

第八章　关于军人的规定

行为人

第122条

1. 本法典所称的军人包括匈牙利武装部队的现役成员、边防警卫部门的专职成员和合同制成员、警察部门的专职工作人员、犯罪矫正部门的专职工作人员、民防部门的专职工作人员。

2. 本法典的其他规定和本章的特别规定，适用于军人。

3.（废止）

4. 军事犯罪行为主体为军人。

针对其他国家的军人实施的犯罪行为

第122条A

1. 军人针对下列人员实施的第二十章规定的犯罪行为的，也应当适用第二十章的规定进行处罚：

a）针对盟国军队的军人；

b）驻扎于外国战场从事应联合国或其他国际组织的要求实施人道主义活动、维和行动或者其他人道主义任务之时，或者在与外国军队进行联合军事演习而从事其他外交事务时，针对其他国家的军人。

2. 第1款a项规定的“盟国军队的军人”，是指盟军所属国家的军人、警察、民防部门的成员；第1款b项规定的“其他国家的军人”，是指其他国家的军队、警察、民防部门的成员。

第122条B

军人在盟国军队中服役或者在从事应联合国或其他国际组织的请求而进行的人道主义活动、维和行动或者其他人道主义任务之时，实施了第二十章规定的犯罪行为的，也应当适用第二十章的规定予以处理。

刑事责任阻却事由

第123条

1. 军人依照命令实施的行为，不负刑事责任。但明知其执行该命令的行为构成犯罪的除外。

2. 发布命令的人应当对行为人因执行命令所实施的犯罪承担刑事责任。

3.（废止）

刑罚责任终止事由

第124条

如果行为人退役满1年的，除非有第73条第2款规定的例外情形，否则不应当追究军事犯罪的刑事责任。

对纪律处分权范围内的犯罪的判决

第125条（废止）

极刑的适用

第126条（废止）

在军事监狱执行的监禁

第127条

1. 如果罪犯可以继续服役的，该犯罪军人被判处1年以下监禁的，应当在第 44 条规定的军事监狱中执行。

2．如果罪犯的服役关系被解除的，其监禁或者剩余的刑期，应当在拘留中心执行。

刑罚的总和

第 128 条

并罚所获的监禁之执行，也应当适用第 127 条的规定。

排除公益劳动的适用

第 129 条

对服役关系存续期间的军人，不得适用公益劳动。

军事附加刑

第 130 条

1．对于犯罪的军人，如果没有被判处禁止从事公共事务的，可以适用下列附加刑：

a）取消军衔；

b）解除服役关系；

c）降低军衔；

d）延长晋升等待时间。

2．第 1 款 a 项和 b 项规定的附加刑，也可以替代主刑而独立适用。

取消军衔

第 131 条

1．军人被适用取消军衔处罚的，将失去军衔。

2．如果行为人已经不配拥有军衔的，应当适用取消军衔。

解除服役关系

第 132 条

如果行为人被认为不配服役的，可以对其适用解除服役关系。

降低军衔

第 133 条

1. 军人被适用降低军衔处罚的，在其被判决之时的军衔基础上降低一级军衔。

2. 如果行为人的犯罪对其所拥有的该等级军衔的声誉造成损害的，但没有必要对之适用取消军衔处罚的，应当适用降低军衔处罚。

3. 在适用降低军衔的同时，应当在 1 至 2 年的幅度内确定行为人在低一级军衔位置上所经历的具体时间。

延长晋升军衔的等待时间

第 134 条

1. 在延长晋升军衔的等待时间的案件中，规定的等待晋升上一级军衔的时间应当被延长。所延长的时间应当确定为年的整数倍；所延长的期间不能超过规定的等待晋升该等级军衔时间的 1/2。

2. 如果该军人必须有更长的等待时间才适合获得晋升军衔的，应当延长等待时间。

缓刑

第 135 条（废止）

前科消灭

第 136 条

1. 如果法院决定犯罪军人的监禁在军队的军人禁闭室执行的，法院可以对该军人预先决定免除附随于其前科的不利后果。这一免除从监禁执行完毕或者停止执行之日起发生效力。

2. 军事附加刑的适用不妨碍前科的消灭。

第九章　解释性规定

第137条

本法典所使用的术语解释如下：

1. 公务员是指：

a）国会议员；

b）共和国总统；

c）总理；

d）政府成员、政治国务秘书；

e）宪法法院法官、法官、检察官；

f）公民权利和少数民族种族权利巡视官；

g）地方政府机关成员；

h）公证员和助理公证员；

i）独立的法院执行官和助理法院执行官；

j）在宪法法院、法院、检察署、国家行政机关、地方政府机关、国家审计署、共和国总统办公室、国会办公室中工作，且其活动属于这些机关履行其应有职能之组成部分的人员；

k）在依据法律的规定受委托行使公共权力、公共行政管理职责的机关或者机构中，履行公共权力或者国家行政管理职责的人。

2. 执行公务的人员是指：

a）为邮政服务提供人从事执行、安全服务的雇员，为经营公共大型交通工具的经济组织从事执行、安全服务的人员，其他在公共道路上从事客运服务的人员；

b）匈牙利军队服役期间的军人；

c）被民防组织征募的人员或者正在从事民防服务的人员；

d）从事救护车服务的人员；

e）法庭或者其他官方诉讼程序中的辩护人或者法律顾问；

f）《保健法》中规定的健康护理雇员和与健康护理服务提供人有工作关系的其他人员；

g）《公共教育法》中规定的教师；

h）国家的、地方的、志愿的或者私人的消防队的消防人员；

i）为了保护公众的生命财产安全而在《警察法》规定范围内成立的民间自卫组织的成员，在实施改善公共安全的活动时；

j）根据《信仰、宗教信仰自由与教堂法》的规定注册的教堂中的牧师；

k）根据《儿童保护与监护管理法》和《社会服务管理与社会福利费法》的规定担任某一职务的人员，在以官方的身份从事活动之时。

3.“外国公务员”是指：

a）外国的立法、执法、行政机关或者刑事检控机构中的工作人员；

b）在依据国际公约成立的国际组织中代表该国际组织行事的工作人员；

c）经选举产生的、在依据国际公约成立的国际组织的会员国大会或者部门中工作的人员；

d）被许可对匈牙利领域和匈牙利公民进行司法管辖的国际法庭的成员以及在该法庭工作的其他人员，在代表该法庭行事之时。

4. a）“持械犯罪”，是指行为人在实施犯罪时持有枪支或者破坏性器械；如果在犯罪中使用枪支、破坏性器械的模型或者仿制品的，也应当适用刑法关于持械犯罪的规定。

b）“使用致命武器袭击”，是指在实施犯罪时持有致命武器用以制伏或者减少反抗。

5.“损失”，是指某人财产价值的减少；“经济损失”，是指某人财产的损失和经济收益的减少。

6.“亲属”，是指直系亲属及其配偶、养父母、养子女、兄弟姐妹、配偶、事实婚姻配偶、未婚夫（妻）、配偶的直系亲属和兄弟姐妹、兄弟姐妹的配偶。

7.“犯罪共谋”，是指尚不构成“犯罪组织”的下列情形：2个或更多的人有计划地实施犯罪活动，或者阴谋策划实施犯罪且至少实施一次犯罪行为的。

8.“犯罪组织”，是指3个或者3个以上的人相勾结蓄意以有组织的形式实施可以判处5年监禁或更重刑罚的犯罪行为。

9.“以商业化经营方式实施犯罪”，是指行为人所从事的犯罪活动经常会产生收益或者具有类似特征。

10.“战争”是指：

a）军事管制，意图颠覆宪法秩序或者夺取政权建立独裁的武装行动，或者针对军队或者武装组织实施的严重危及大众生命财产的暴力行动而宣布的国家紧急状态（《宪法》第19条第3款g项、h项和i项的第1目、第2目）；

b）就第十一章第二节和第二十章规定的犯罪而言，是指在国外部署和使用匈牙利军队（《宪法》第19条第3款j项）。

11.“产品”，是指工业或者农业产品，包括其原材料、半成品、成品；家畜和生产工具（即使后者属于不动产也不例外）也应当视为产品。

12.“广为人知”，是指通过新闻舆论或者其他大众传媒，或者利用放映、播放音像或在电信网络上公开电子信息等为众人所知的手段实施犯罪。

13.“集团犯罪”，是指至少3人参与犯罪的实施。

14.“累犯”，是指行为人曾经因为故意犯罪而被判处未被适用缓刑的监禁，在该监禁执行完毕或者执行被终止之日起未满3

年时，又实施另一故意犯罪行为的。

15. “特别累犯”，是指前后实施的犯罪为相同的犯罪或者类似的犯罪的累犯。

16. “常习累犯”，是指行为人曾经作为累犯而被判处未被适用缓刑的监禁，在该监禁执行完毕或者执行被终止之日起未满3年时，又实施另一可判处监禁的故意犯罪行为的。

17. “经济组织”，是指民法典（1959年第4号法案）第685条c款所列的经济组织，以及依照民法典关于经济组织在其经济活动中的民事法律关系的规定而成立的组织。

18. “盟国军队”，是指依据规定有相互提供军事援助义务的国际条约而与匈牙利共和国结盟的军队，以及依据此类条约而成立的军事组织或者机构。

19. 在国外战场进行的人道主义活动、维护和平行动或者人道主义军事行动的含义，应当按照《国防法》中的相关规定确定。

第138条

在法律没有例外规定的情况下，本法典中的“威胁”，是指向受威胁人提出将要实施足以使其产生严重心理恐惧的严重损害。

第138条A

本法典中的价值、损害、金钱损失的数额，或者税收、费用、个人保险基金的会员收入所减少的数额，应当被解释为：

a）1万福林以上20万福林以下的，为数额较小；

b）20万福林以上2百万福林以下的，为数额较大；

c）2百万福林以上5千万福林以下的，为数额巨大；

d）5千万福林以上5亿福林以下的，为数额特别巨大；

e）5亿福林以上的，为数额极其巨大。

第138条B（废止）

分　　则

第十章　危害国家罪

暴力改变宪法秩序罪

第 139 条

1. 任何人以暴力或者使暴力威胁——尤其是使用军队——的方式，实施直接以改变匈牙利共和国宪法秩序为目的的行为的，构成重罪，处 5 至 15 年监禁或者终身监禁。

2. 任何人为了暴力改变宪法秩序而实施预备行为的，构成重罪，处 5 年以下监禁。

3. 行为人自愿放弃或者自动防止犯罪的继续实施，因而使犯罪未完成的，不应当以暴力改变宪法秩序罪追究刑事责任。

共谋危害宪法秩序罪

第 139 条 A

1. 任何人建立、领导旨在使用暴力或者暴力威胁方式改变匈牙利共和国的宪法秩序为目的的组织的，构成重罪，处 2 至 8 年监禁；参加这类组织的，处 1 至 5 年监禁。

2. 行为人自愿放弃或者自动防止犯罪的继续实施，因而使犯罪共谋未继续进行的，不应当以共谋危害宪法秩序罪追究刑事责任。

暴乱罪

第 140 条

1. 任何人参加以暴力、暴力威胁方式妨碍下列机构（人员）

行使宪法权力或者强制其采取一定措施为直接目的大规模骚乱的，构成重罪，处2至8年监禁；对该大规模骚乱的组织者和领导者，处5至15年监禁：

a）国会；

b）共和国总统；

c）最高法院；

d）政府。

2. 任何人实施暴乱罪的预备行为的，构成重罪，处1至5年监禁。

3. 在暴力活动开始实施之前，参与者自动或者应当局的要求脱离大规模骚乱的，不应当以暴乱罪追究刑事责任。

造成损失罪

第141条（废止）

蓄意破坏罪

第142条

1. 任何人以扰乱匈牙利共和国宪法秩序为目的，针对公共设施、生产、公共交通或者公共电信设施及其设备、公共建筑物、产品仓库、产品供应或者由于指定的用途而具有类似重要意义的其他财产，实施毁灭、破坏行为或者使其陷入无法使用状态的，构成重罪，处2至8年监禁。

2. 如果蓄意破坏行为造成特别严重的危害后果的，处2至8年监禁。

3. 任何人实施蓄意破坏罪的预备行为的，构成重罪，处3年以下监禁。

攻击罪

第143条（废止）

重大叛国罪

第 144 条

1．匈牙利公民为了危害匈牙利共和国的独立、领土完整或者宪法秩序，而与外国政府或者外国组织相互勾结，构成重罪，处 5 至 15 年监禁。

2．如果重大叛国罪的实施具有下列情形之一的，处 10 至 15 年监禁或者终身监禁：

a）造成严重的危害后果的；

b）利用国家事务或者官方授权实施；

c）在战时实施；

d）以邀请或者利用外国军队的手段实施。

3．任何人实施重大叛国罪的预备行为的，构成重罪，处 1 至 5 年监禁；在战时实施的，处 2 至 8 年监禁。

叛国罪

第 145 条 A

匈牙利公民滥用其国家事务或者官方授权，与外国政府或者外国组织相互勾结，因此危及匈牙利共和国的独立、领土完整或者宪法秩序的，构成重罪，处 2 至 8 年监禁；在战时实施的，处 5 至 15 年监禁。

援助敌人罪

第 146 条

1．任何人为了削弱匈牙利共和国的军事力量，与敌人相互勾结、向敌人提供援助或者对本国或者盟国军队造成不利的，构成重罪，处 10 至 15 年监禁或者终身监禁。

2．任何人实施援助敌人罪的预备行为的，构成重罪，处 2 至 8 年监禁。

间谍罪

第 147 条

1. 任何人为外国官方或者外国组织实施针对匈牙利共和国的情报活动的，构成重罪，处 2 至 8 年监禁。

2. 以泄露国家秘密的方式实施第 1 款规定的间谍行为的，处 5 至 15 年监禁。

3. 任何人实施间谍罪的预备行为的，构成重罪，处 5 年以下监禁。

4. 行为人在其所得的任何情报均尚未泄露之前，向当局报告其提供情报的行为或者所承担的间谍活动任务，并完全供认其与外国的联系的，对其提供情报的行为或者从事的情报活动，不应当追究刑事责任。

针对盟国军队的间谍活动罪

第 148 条

任何人在匈牙利共和国境内或者根据相互提供军事援助义务的国际条约而与匈牙利共和国结盟的其他国家境内，进行针对盟国军队的间谍活动的，根据第 147 条的规定追究刑事责任。

第 149 条（废止）

不告发危害国家犯罪活动罪

第 150 条

1. 任何人以可靠的方式知悉暴力改变宪法秩序罪、共谋危害宪法秩序罪、暴乱罪、蓄意破坏罪、重大叛国罪、叛国罪、援助敌人罪、间谍罪的预备行为正在被实施，或者这些犯罪已经在未被察觉的情况下实施，但未及时向当局报告的，构成轻罪，处 2 年以下监禁。

2. 亲属不告发行为人危害国家的犯罪活动的，不得根据第 1 款的规定追究刑事责任。

危害其他社会主义国家的犯罪

第 151 条（废止）

附加刑

第 152 条

对本章规定的犯罪，可以同时适用驱逐作为附加刑。

第十一章　反人类罪

第一节　危害和平罪

煽动战争罪

第 153 条

1. 任何人煽动战争或者以其他方式进行战争宣传的，构成重罪，处 2 至 8 年监禁。

2. 如果以广为人知的方式实施该罪的，处 5 至 15 年监禁。

3. 任何人实施煽动战争罪的预备行为的，处 3 年以下监禁。

违禁征募军人罪

第 154 条

1. 任何人试图在匈牙利共和国领域内征募工作人员从事军事服务——不包括为盟国军队——或者在外国武装组织中从事准军事服务，或者为志愿从事这些服务的人员提供居间介绍的，构成重罪，处 1 至 5 年监禁。

2. 任何匈牙利公民自愿加入或者要约加入参与武装冲突（国内的或者国际的）的任何外国军事组织——不包括盟国军队，或者在这类军事组织中参加训练的，应当根据第 1 款的规定追究刑事责任。

种族灭绝罪

第155条

1. 任何人出于全部或者部分地灭绝某个民族、种族、人种、宗教团体的目的有下列行为之一的，构成重罪，处10至15年监禁或者终身监禁：

a）杀害该团体的成员的；

b）因为被害人属于该团体而对其进行严重的身体或者精神伤害的；

c）使该团体处于某种生活状况下，以毁灭其全部或部分成员的生命的；

d）采取措施意图阻碍该团体内之生育的；

e）将该团体的儿童转移至另一团体的。

2. 任何人实施种族灭绝罪的预备行为的，构成重罪，处2至8年监禁。

危害某一民族、种族、人种、宗教群体罪

第156条（废止）

种族隔离罪

第157条

1. 任何人为了建立和维持一个种族的人对另一个种族的人的统治并且（或者）为了一贯压迫另一种族有下列行为之一的，构成重罪，处10至15年监禁或者终身监禁：

a）杀害一个或者多个种族团体的成员；

b）对一个或者多个种族团体强加灭绝其全部或者部分成员肉体的生活条件的。

2. 任何人实施其他种族隔离犯罪行为的，处5至10年监禁。

3. 如果第2款规定的种族隔离犯罪行为造成了严重后果的，处10至15年监禁或者终身监禁。

4. 第2款和第3款中规定的"种族隔离罪"，是指《禁止并惩治种族隔离罪行国际公约》（联合国大会于1973年11月30日在纽约通过，本国以1976年第27号法令公布）第2条a款第2项、第3项、c款、d款、e款、f款规定的种族隔离犯罪行为。

第二节　战争罪

暴力侵害平民罪

第158条

1. 任何人在作战区或占领区，针对平民或者战俘，实施非人道待遇或者以其他方式滥用其权力，如果没有构成更严重的其他犯罪的，构成重罪，处5至10年监禁。

2. 如果第1款规定的犯罪行为造成死亡后果的，处10至15年监禁或者终身监禁。

3. 本条规定的"非人道待遇"，特指下列情形：

a）在被占领区定居占领国居民，或者对被占领区居民重新进行安置的；

b）剥夺平民、战俘受到合法、公正审判的权利；

c）在遣返战俘或平民回国过程中进行不合理地拖延。

战时掠夺平民罪

第159条

1. 任何人在作战区或者被占领区掠夺平民，或者以强迫在军队中服务或其他方式对该地区的居民造成严重损害的，如果没有构成更严重的其他犯罪的，构成重罪，处2至8年监禁。

2. 如果以持械方式或者集团犯罪的方式实施本罪的，处5至10年监禁。

实施邪恶战争行为罪

第160条

军事指挥员违反国际战争法有下列行为之一的，构成重罪，处10至15年监禁或者终身监禁：

a）针对平民的生命、健康、财物、受国际保护的文物、包含危险作用力的设施实施造成严重损坏的战争行动的；

b）针对不设防地区或者无武器地区发动进攻的。

使用国际条约禁止的武器罪

第160条A

1. 任何人在军事行动的战场或者在占领区，针对敌人、平民或者战俘，使用或者命令他人使用国际条约禁止使用的武器或战争方法的，构成重罪，处10至15年监禁或者终身监禁。

2. 任何人实施使用国际条约禁止的武器的预备行为的，构成重罪，处5年以下监禁。

3. 下列情形应当视为第1款和第2款中规定的“国际条约禁止的武器”：

a）《禁止在战争中使用窒息性、毒性或其他气体和细菌作战方法的议定书》（1925年6月17日签署于日内瓦，本国以1955年第20号法令公布）规定的窒息性、毒性或其他气体和细菌作战方法；

b）《禁止或限制使用某些可被认为具有过分伤害力或滥杀滥伤作用的常规武器公约》（1980年10月10日签署于日内瓦，本国以1984年第2号法令公布）的各议定书中所列的下列武器：

（1）《第1号议定书》规定的以碎片伤人而其碎片在人体内无法用X射线检测的武器；

（2）《修正的第2号议定书》（本国以1997年第133号法案公布）第2条第1款至第5款规定的地雷、遥布地雷、杀伤人员地雷、诱杀装置和其他类似装置；

（3）《第 3 号议定书》第 1 条第 1 款规定的燃烧武器；

（4）《第 4 号补充议定书》第 1 条规定的致盲激光武器；

c）《关于禁止发展、生产、储存和使用化学武器及销毁化学武器公约》（1993 年 1 月 13 日签署于巴黎，本国以 1997 年第 104 号法案公布）第 2 条第 1 款和第 7 款规定的化学武器和化学控爆剂；

d）《关于禁止使用、储存、生产和转让杀伤人员地雷及销毁此种地雷的公约》（1997 年 9 月 18 日签署于奥斯陆，本国以 1998 年第 10 号法案公布）第 2 条第 1 款规定的杀伤人员地雷。

战场掠夺罪

第 161 条

任何人在战场上对死者、伤员、病人进行掠夺的，构成重罪，处 2 至 8 年监禁。

破坏停战状态罪

第 162 条

1．任何人破坏停战状态的，构成重罪，处 1 至 5 年监禁。

2．如果破坏停战状态造成特别严重后果的，处 5 至 10 年监禁。

暴力侵害战时敌方使者罪

第 163 条

1．任何人侮辱、非法拘禁敌方的战争使者及其陪同人员，或者以其他方式对其使用暴力侵害的，如果没有构成更为严重的其他犯罪的，构成重罪，处 3 年以下监禁。

2．杀害战争使者或其陪同人员的，处 10 至 15 年监禁或者终身监禁。

非法使用红十字标志罪

第 164 条

任何人在战时非法使用红十字（或者红新月、红狮与太阳）标志或者服务于类似宗旨且被国际承认的其他标志，或者针对处于这些标志保护之下的人员或者物品实施暴力行为的，构成重罪，处 1 至 5 年监禁。

其他战争犯罪

第 165 条

特别法（1945 年第 81 号法令，由 1945 年第 7 号法案规定为法律，后被 1945 年第 1440 号法令修正、补充）应当对其他战争犯罪作出规定。

第十二章　侵害人身罪

第一节　侵害生命、身体、健康罪

杀人罪

第 166 条

1. 任何人杀害他人的，构成重罪，处 5 至 15 年监禁。

2. 如果杀人罪的实施具有下列情形之一的，处 10 至 15 年监禁或者终身监禁：

a）有预谋的；

b）为了牟利的；

c）出于另一卑劣的原因或者目的的；

d）使用了特别残忍的手段的；

e）针对正在实施职务活动的公务员、外国公务员或者因为公务员、外国公务员所从事的职务活动而对其实施犯罪行为，或者针对正在履行其职责的执行公务的人员实施犯罪行为，或者针对协助公务员、外国公务员、执行公务的人员执行职务或者为之提供保护的人员实施犯罪行为的；

f）针对2个及2个以上的人实施的；

g）危及多数人的生命的；

h）属于特别累犯的；

i）针对不满14周岁的人实施。

3．任何人实施杀人罪的预备行为的，构成重罪，处5年以下监禁。

4．任何人实施过失致人死亡行为的，处1至5年监禁。

5．在认定特别累犯时，下列犯罪视为具有类似特征的犯罪：

a）并为意志所控制应当追究刑事责任的杀人行为（第167条）、种族屠杀行为（第155条第1款a项）；

b）具有加重情节的绑架罪和具有加重情节的暴力侵害上级或者级别较高的其他军人罪（第175条A第4款、第355条第5款a项）；

c）在实施恐怖主义行为罪，劫持航空器、铁路、水运、陆路运输工具、货运交通工具罪，暴乱罪时，同时发生故意致人死亡后果的（第261条第2款a项、第262条第2款、第352条第3款b项）。

第166条A（废止）

减轻责任能力状态下的杀人罪

第167条

行为人由于明显的激情而在减轻责任能力的状态下杀害他人的，构成重罪，处2至8年监禁。

自杀关联罪

第168条

任何人劝说他人自杀或者为他人实施自杀提供帮助，如果他人的自杀未遂或者完成的，构成重罪，处5年以下监禁。

堕胎罪

第169条

1. 任何人为他人实施堕胎的，构成重罪，处3年以下监禁。

2. 如果堕胎行为的实施具有下列情形之一的，处1至5年监禁：

a）以商业化经营的方式实施的；

b）未经该怀孕妇女同意；

c）造成极度痛苦的身体伤害或者有危及生命的危险。

3. 如果堕胎行为致人死亡的，处2至8年监禁。

4. 妇女对自己的胎儿实施堕胎或者劝诱他人为其堕胎的，构成轻罪，处1年以下监禁、公益劳动或者罚金。

殴打罪

第170条

1. 任何人殴打他人，对他人身体的完整性或者健康造成损害，如果这一伤害或者疾病在8日内康复的，为普通的殴打行为，构成轻罪，处2年以下监禁、公益劳动或者罚金。

2. 如果殴打行为造成的伤害或者疾病超过8日才康复的，为加重殴打行为，构成重罪，处3年以下监禁。

3. 如果出于卑劣的原因或者目的而实施殴打行为，或者殴打没有防卫能力或者无意思表示能力的人的，构成重罪，属于普通殴打行为的，处3年以下监禁；属于加重殴打行为的，处1至5年监禁。

4. 如果殴打造成终身的身体残疾或者严重的健康损害，或者加重殴打行为的实施具有明显的恶意的，构成重罪，处1至5年监禁。

5. 如果殴打行为造成危及生命的危险或者死亡的，处2至8

年监禁。

6. 任何人过失地实施加重的殴打行为的，构成轻罪，处1年以下监禁、公益劳动或者罚金；过失地实施第4款规定的行为的，处3年以下监禁；过失地造成危及生命的伤害的，处5年以下监禁。

7. 对第1款规定的轻罪的行为人，只有权利人提起自诉时才追究刑事责任。

职业活动中的侵害人身罪

第171条

1. 任何人违反其职业规定，过失地使他人的生命、身体完整或者健康面临不必要的危险，或者使他人身体遭受伤害的，构成轻罪，处1年以下监禁、公益劳动或者罚金。

2. 具有下列3种情形之一的，分别给予以下处罚：

a）如果犯罪行为使他人造成终身残疾、严重的健康损害或者大规模的灾难的，处3年以下监禁；

b）如果造成致人死亡后果的，处1至5年监禁；

c）如果犯罪行为造成2人或2人以上人员的死亡，或者伴随有人员死亡或者大规模死亡的，处2至8年监禁。

3. 如果行为人有意地引起这种直接的危险，构成重罪，如果其实施第1款规定的行为的，处3年以下监禁；如果其实施第2款规定的行为的，按照该款规定的3种不同的情形，分别处5年以下监禁、2至8年监禁、5至10年监禁。

4. 有关枪支使用和管理的规定，也属于本条中的职业规定。

不提供救助罪

第172条

1. 任何人在力所能及的情况下，未向伤员或者生命、身体的完整性处于急迫的危险中的人提供帮助的，构成轻罪，处2年以下监禁、公益劳动或者罚金。

2. 如果伤员死亡且行为人若是提供帮助就能挽救其生命的，构成重罪，处3年以下监禁。

3. 如果危险状态是由行为人的行为所引起，或者基于其他原因其有义务对之提供帮助的，处3年以下监禁；对第2款规定的行为，构成重罪，处5年以下监禁。

4. 第3款中关于“基于其他原因其有义务提供帮助”的规定，不得适用于根据《公路法》的规定负有帮助义务的人。

遗弃罪

第173条

任何人对由于其生理状况或者年老而不能照料自己的人，有义务履行照料职责而未履行，因此危及其疏于照料之人的生命、身体完整性或者健康的，构成重罪，处3年以下监禁。

第二节　妨害医疗程序、医学研究秩序与有关医疗程序的自主权利罪

妨害有关人类基因结构的医疗程序罪

第173条A

1. 任何人针对人的基因结构、胎儿的基因结构或者人的胚胎的基因结构，实施一项目的在于改变这些基因结构的程序的，构成重罪，处5年以下监禁。

2. 如果第1款所规定的程序永远改变了人的基因结构、胎儿的基因结构或者人的胚胎的基因结构的，处2至8年监禁。

3. 出于《保健法》规定的目的实施第1款和第2款规定的程序的，不应当追究刑事责任。

非法使用人类配子罪

第173条B

1. 任何人将从尸体或者死亡的胎儿中获取的配子用于《保健法》规定的人类繁殖特别程序的，构成重罪，处5年以下监禁。

2. 任何人实施非法使用人类配子罪的预备行为的，构成轻罪，处2年以下监禁。

改变未出生胎儿的性别罪

第173条C

1. 任何人实施目的在于改变未出生胎儿性别的程序的，构成重罪，处5年以下监禁。

2. 出于《保健法》规定的目的实施第1款规定的行为的，不应当追究刑事责任。

违反有关对人类进行实验研究的规定罪

第173条D

任何人未获得《保健法》规定的许可证或者超出许可证规定的范围，进行人类医学试验的，构成重罪，处5年以下监禁。

违反有关对人类胚胎或配子进行实验研究的规定罪

第173条E

1. 任何人未获得《保健法》规定的许可证或者超出许可证规定的范围，对人类的胚胎或者配子进行医学实验或者基于科学目的制造人类胚胎的，构成重罪，处5年以下监禁。

2. 任何人有下列行为之一的，构成重罪，处5年以下监禁：

a）将人类胚胎移植到动物身上的；

b）将人类的配子植入动物的生殖器官内受精，或者将动物的配子植入人类的生殖器官内受精的；

c）把先前用于实验的人类胚胎植入人体；

d）使用先前用于人类繁殖实验的人类配子的；

e）使用非人类的配子或胚胎用于人类受精或者胚胎植入；

f）使用一个人类胚胎制造数个人类胚胎或者动物胚胎的。

3. 任何人实施第 2 款规定的犯罪行为的预备行为的，构成轻罪，处 2 年以下监禁。

第 173 条 F

1. 任何人出于操纵某一胚胎基因结构的目的实施人类胎儿科学实验的，构成重罪，处 5 年以下监禁。

2. 任何人有下列行为之一的，构成重罪，处 2 至 8 年监禁：

a）使用一个人类胚胎制造一个与从受精卵逐渐生长而来的人具有不同特征或者附加特征的人的；

b）分离人类胚胎的细胞的。

3. 任何人实施第 2 款规定的犯罪行为的预备行为的，构成轻罪，处 2 年以下监禁。

4. 行为人出于《保健法》规定的目的实施第 1 款至第 3 款规定的行为的，不应当追究刑事责任。

第 173 条 G

1. 任何人在实验研究或者医疗程序中制造与人类具有类似基因结构的物种的，构成重罪，处 5 至 10 年监禁。

2. 任何人实施第 1 款规定的犯罪行为的预备行为的，构成重罪，处 3 年以下监禁。

侵害有关医疗程序的自主权利罪

第 173 条 H

1. 任何人未经权利人同意或者许可，实施下列行为之一的，构成重罪，处 3 年以下监禁：

a）实施有关改变人的基因结构或者胚胎的基因结构、人类繁殖、改变未出生胎儿的性别的医疗程序的；

b）用胚胎或者配子进行人类实验研究的；

c）实施摘除其器官或者组织用于移植目的或者为其植入器官或者组织的医疗程序或者不向权利人披露依法应当披露的信息的，但根据规定，实施这些程序应当事先得到权利人的同意、许可或者向其进行信息披露的。

2. 任何人无视禁止性声明从尸体上移除组织或者器官的，应当按照第 1 款的规定追究刑事责任。

3. 任何人未经权利人的同意或者许可，过失地实施应当获得这种事先同意或者许可的医疗程序、医学研究、器官或者组织摘除、器官或者组织移植的，构成轻罪，处 2 年以下监禁、公益劳动或者罚金。

4. 对第 1 款至第 3 款规定的犯罪的行为人，只有在有权主体提起自诉时才追究刑事责任，但如果其行为同时构成其他非自诉犯罪的，不在此列。对第 2 款规定的行为而言，有资格签署《保健法》规定的禁止性声明的人，有权提起自诉。

非法使用人体罪

第 173 条 I

1. 任何人以获得经济收益为目的，获取、销售人类基因、细胞、配子、胚胎、器官、组织、尸体或者上述物品的某一组成部分，或者将其投放市场的，构成重罪，处 3 年以下监禁。

2. 如果医疗机构的雇员在履行职务期间实施第 1 款规定的行为的，处 5 年以下监禁。

3. 如果以下列方式实施第 1 款和第 2 款规定的行为的，分别处以 5 年以下监禁或者 2 至 8 年监禁：

a）以商业化经营的方式实施的；

b）作为犯罪共谋的一部分的。

4. 任何人实施非法使用人体罪的预备行为的，构成轻罪：

对第1款犯罪的预备行为，处1年以下监禁、公益劳动或者罚金；对第2款犯罪的预备行为，处2年以下监禁、公益劳动或者罚金。

第三节 侵害自由与人格尊严罪

强迫罪

第174条

任何人使用暴力、威胁方法强迫他人做、不做或者容忍某事，给他人利益造成数额较大损失的，如果未构成更重的其他犯罪的，构成重罪，处3年以下监禁。

侵害意思自由与宗教信仰自由罪

第174条A

任何人有下列行为之一的，构成重罪，处3年以下监禁：

a）使用暴力或者威胁方法限制他人的意思自由；

b）使用暴力或者威胁方法妨碍他人自由行使宗教信仰权利的。

针对某一民族、种族、人种、宗教群体的成员的暴行罪

第174条B

1. 任何人出于他人属于或者认为他人属于某一民族、人种、种族或者宗教群体的原因，对其进行袭击，或者使用暴力、威胁方式强迫其做某事、不做某事或者忍受某事的，构成重罪，处5年以下监禁。

2. 如果犯罪行为的实施具有下列情形之一的，处2至8年监禁：

a）使用武器实施的；

b）以持械的方式实施的；

c）造成的利益损失数额较大的；

d）以对被害人进行虐待的方式实施的；

e）以集团犯罪的方式实施的；

f）属于犯罪共谋的一部分的。

侵害人身自由罪

第175条

1. 任何人剥夺他人的人身自由的，构成重罪，处3年以下监禁。

2. 任何人通过人口贩卖的途径获得他人并维持剥夺该被害人人身自由的状态，而且强迫被害人从事强制劳动的，构成重罪，处2至8年监禁。

3. 如果犯罪行为的实施具有下列情形之一的，对第1款规定的犯罪行为，处5年以下监禁；对第2款规定的犯罪行为，处5年以上10年以下监禁：

a）出于卑劣的动机或者目的实施的；

b）以谎称执行公务的方式实施的；

c）以对被害人实施虐待的方式实施的；

d）对被害人利益造成数额巨大损失的；

e）针对不满18周岁的人实施的。

绑架罪

第175条A

1. 任何人使用暴力或者针对生命、身体完整的急迫威胁或者利用他人处于无自卫能力或者无意志表达能力的状态，剥夺他人自由并以满足所提出的要求作为释放条件的，构成重罪，处2至8年监禁。

2. 如果绑架行为的实施具有下列情形之一，处5年以上15年以下监禁：

a）作为犯罪共谋的一部分的；

b）以持械的方式实施的；

c）针对公务员或者外国公务员实施的；

3．如果绑架行为的实施具有下列情形之一的，处5至15年监禁或者终身监禁：

a）造成数额特别巨大损失的；

b）造成他人死亡后果的。

4．如果绑架行为同时也符合故意杀人罪的构成要件的，处10至15年监禁或者终身监禁。

5．任何人实施绑架罪的预备行为的，构成重罪，处3年以下监禁。

6．行为人在严重后果发生之前自愿放弃绑架行为的，可以给予不受限制的减轻处罚。

7．任何人在确知他人已经准备实施绑架行为的情况下，但未及时向相关的人或者有权机关报告的，如果该起绑架行为因此发展到犯罪未遂或者既遂程度的，构成重罪，处3年以下监禁。

贩卖人口罪

第175条B

1．任何人出卖、购买、转让、接受他人或者用以人换人的方式交易他人，或者出于上述目的为第三方招募、运输、留宿、藏匿、控制他人的，构成重罪，处3年以下监禁。

2．如果犯罪行为的实施具有下列情形之一的，处1至5年监禁：

a）针对未满18周岁的人实施的；

b）针对处于被监禁状态的人实施的；

c）让被害人从事强制劳动的；

d）为了实施鸡奸或者性行为的目的实施的；

e）为了非法使用人体而实施的；

f）以犯罪共谋的方式实施的；

g）以商业化经营的方式实施的。

3. 如果犯罪行为的实施具有下列情形之一的，处2至8年监禁：

a）针对由行为人照看、监护、监督、治疗的人实施的；

b）出于第2款c项至e项规定的目的，且以下列手段实施的：

（1）以胁迫或者暴力手段；

（2）以欺骗手段；

（3）以对被害人实施虐待的手段。

4. 如果犯罪行为的实施具有下列情形之一的，处5至10年监禁：

a）针对第2款a项、b项和第3款a项规定的人，出于第2款c项至e项规定的目的实施和（或者）以第3款b项第1至3目规定手段实施的；

b）出于制作非法淫秽物品的目的实施的。

5. 如果犯罪行为针对不满12周岁的人实施，且具有下列情形之一的，处5至15年监禁或者终身监禁：

a）出于第2款c项至e项规定的目的实施的；

b）以第3款b项第1至3目规定手段实施的；

c）出于制作非法的淫秽物品的目的实施的。

6. 任何人实施贩卖人口罪的预备行为的，构成轻罪，处2年以下监禁。

非法侵入罪

第176条

1. 任何人以暴力、威胁、假装执行公务的方法，进入他人住宅、其他房屋或其周围属于这些建筑物的与外界相隔离的场所或者在这些地点停留而拒不退出的，构成轻罪，处 2 年以下监禁、公益劳动或者罚金。

2. 任何人违背居住人或处分权人的意志或者使用手段，进入公寓、其他建筑物或其周围属于这些建筑物的与外界相隔离的场所或者在这些地点停留而拒不退出，并具有下列情形之一的：

a）在夜间实施的；

b）以暴力实施的；

c）以持械的方式实施的；

d）以集团犯罪的方式实施的，应当根据第 1 款的规定追究刑事责任。

3. 任何人以第 1 款和第 2 款规定的方式，阻碍他人进入其公寓、其他建筑物或其周围属于这些建筑物的与外界相隔离的场所的，应当根据第 1 款的规定追究刑事责任。

4. 如果以第 2 款规定的方式实施第 1 款规定的犯罪行为的，构成重罪，处 3 年以下监禁。

侵犯私人秘密罪

第 177 条

1. 任何人将因为其职业或者执行公共命令而获悉的私人秘密，无正当理由地泄露的，构成轻罪，处罚金。

2. 如果犯罪行为给他人利益造成数额较大的损失的，处 1 年以下监禁、公益劳动或者罚金。

非法使用私人资料罪

第 177 条 A

1. 任何人违反关于保护、处理个人资料的法律规定，并且因上述行为对他人的利益造成数额较大的损失的，构成轻罪，处 1 年以下监禁、公益劳动或者罚金：

a）对私人资料实施未获授权的或者不适当处理的；

b）未对依法应当告知的资料予以告知的；

c）未对资料采取安全措施。

2. 如果第 1 款规定的犯罪行为是公务员在履行公务过程中或者出于获得非法经济收入或者其他利益的目的而实施的，应当构成重罪。

3. 非法使用特殊的私人资料的，构成重罪，处 3 年以下监禁。

非法使用公共信息罪

第 177 条 B

1. 任何人违反关于获悉公共信息的法律规定有下列行为之一的，构成轻罪，处 2 年以下监禁、公益劳动或者罚金：

a）不履行提供信息的义务的；

b）伪造公共信息或者向他人提供其不能知悉的公共信息；

c）传播、公布不真实的或者虚假的公共信息的。

2. 如果第 1 款规定的犯罪行为出于获得非法经济收入或者其他非法经济利益的目的而实施的，应当构成重罪。

侵害通信秘密罪

第 178 条

1. 任何人出于知悉其中内容的目的而开启、获取已经封缄的含有邮件的他人包裹，或者出于以上目的而将这种包裹交付给未被授权的其他人，或者利用通信设备窃听他人通信，如果没有构成更重的其他犯罪的，构成轻罪，处罚金。

2. 利用职业或者执行公共命令实施第 1 款规定的犯罪行为的，处 1 年以下监禁、公益劳动或者罚金。

3. 如果犯罪行为具有下列情形之一的，分别给予下列处罚：

a）如果第 1 款规定的犯罪行为造成的利益损失数额较大的，处 3 年以下监禁；

b）如果第 2 款规定的犯罪行为造成的利益损失数额较大的，构成重罪，处 3 年以下监禁。

非法占有私人信息罪

第 178 条 A

1. 任何人出于非法占有私人信息的目的有下列行为之一的，构成重罪，处 5 年以下监禁：

a）秘密地搜查他人的住宅、其他财产或者与之相连接的空间范围；

b）以技术手段监视、记录发生于他人的住宅、其他财产或者与之相连接的空间范围内所发生的事件；

c）开启、获取已经封缄的他人邮件包裹并以技术手段对其内容进行记录的；

d）利用通信设备或者计算机网络获取他人的通信并以技术手段对其内容进行记录的。

2. 任何人传播或者使用以第 1 款规定的手段获取的私人信息的，应当根据第 1 款的规定追究刑事责任。

3. 如果犯罪行为的实施具有下列情形之一的，处 2 年以上 8 年以下监禁：

a）以谎称公务行为的方式实施的；

b）以商业化经营的方式实施的；

c）作为犯罪共谋的一部分的；

d）造成的利益损失数额较大的。

诽谤罪

第 179 条

1. 任何人当着第三人的面，宣称、谣传用于贬损他人名誉的事实或者使用其他表达方式直接表达上述事实的，构成轻罪，处 1 年以下监禁、公益劳动或者罚金。

2. 如果诽谤行为的实施具有下列情形之一的，处 2 年以下监禁：

a）出于卑劣的原因或者目的，

b）以广为人知的方式实施的；

c）造成的利益损失数额较大的。

行为诽谤罪

第 180 条

1. 任何人以第 179 条规定之外的行为方式，贬损他人名誉或者实施类似的其他行为，且具有下列情形之一的，构成轻罪，处 1 年以下监禁、公益劳动或者罚金：

a）与工作、执行公共命令有关或者与受害人从事的公用事业活动有关的；

b）以广为人知的方式实施的。

2. 任何人以侮辱手段实施诽谤行为的，应当根据第 1 款的规定追究刑事责任。

凌辱逝者罪

第 181 条

任何人以第 179 条或者第 180 条规定的方式凌辱逝者及其所留记忆的，构成轻罪，分别处以上述两条中规定的刑罚。

真实性的证明

第 182 条

1. 如果用于贬损名誉的事实被证明为属实的，对行为人不能以第 179 条至第 181 条规定的犯罪追究刑事责任。

2. 如果行为人对事实的宣称、谣传或者直接指向这类事实的表达，是为了公共利益或者他人的合法利益，因而被正当化的，也视为真实性已经得到证明。

自诉

第 183 条

1. 对第 176 条、第 177 条、第 178 条、第 179 条、第 180 条和第 181 条规定的犯罪的行为人，依据自诉追究其刑事责任。

2. 对第 181 条规定的行为，可以由逝者的亲属或者继承人提起自诉。

3. 针对享有外交豁免权或者基于国际法的其他豁免权的人实施的诽谤或者行为诽谤，依据被害人通过外交渠道所声明的意愿追究行为人的刑事责任。

解释性条款

第 183 条 A

不满 12 周岁的人，应当被视为第 170 条与第 175 条 A 规定的“无自卫能力的人”。

第十三章　违反交通规章罪

危害交通安全罪

第 184 条

1. 任何人以破坏或者毁灭交通道路或者线路、交通工具、交通控制设备或者上述物品的附件，制造障碍、移除或改变交通标志、安装误导标志，对交通工具的驾驶人使用暴力或者胁迫或者以其他类似的方式实施行为，危及铁路、水路或者公路交通的安全的，构成重罪，处 3 年以下监禁。

2. 如果犯罪行为的实施具有下列情形之一的，分别给予下列处罚：

a）如果犯罪行为造成极度痛苦的身体伤害的，处 5 年以下监禁；

b）如果犯罪行为造成终身残疾的、对健康的严重损害或者大规模的灾难的，处 2 至 8 年监禁；

c）如果犯罪行为造成人员死亡后果的，处 5 至 10 年的监禁；

d）如果犯罪行为造成有人员死亡的大规模灾难的，处 5 至 15 年监禁。

3．任何人过失地实施第 1 款规定的行为的，处 1 年以下监禁、公益劳动或者罚金；过失地实施第 2 款规定的行为，应当根据该款规定的 4 种不同情形的，分别处 2 年以下监禁、3 年以下监禁、5 年以下监禁和 2 至 8 年监禁。

4．如果行为人在其行为产生任何损害后果之前，主动地消除这一威胁，可以给予不受限制的减轻处罚，对有必要予以特别评价的案件，甚至可以免除处罚。

危害铁路、航空、水上交通罪

第 185 条

1．任何人违反铁路、航空、水上交通规则，从而危及他人的生命、身体的，构成重罪，处 3 年以下监禁。

2．如果犯罪行为具有下列情形之一的，分别给予下列处罚：

a）如果犯罪行为造成极度痛苦的身体伤害的，处 5 年以下监禁；

b）如果犯罪行为造成终身残疾的、对健康的严重损害或者大规模的灾难的，处 2 至 8 年监禁；

c）如果犯罪行为造成致人死亡后果的，处 5 至 10 年监禁；

d）如果犯罪行为造成有人员死亡的大规模灾难的，处 5 至 15 年监禁。

3．任何人过失地实施第 1 款规定的行为的，构成轻罪，处 1 年以下监禁、公益劳动或者罚金；过失地实施第 2 款规定的行为的，分别根据该款规定的 4 种不同情形，处 2 年以下监禁、3 年以下监禁、5 年以下监禁和 2 至 8 年监禁。

4. 如果行为人在其行为产生任何损害后果之前，主动地消除这一威胁，可以予以不受限制的减轻处罚，对需要予以特别评价的案件，甚至可以免除处罚。

在公路上制造危险罪

第186条

1. 任何人违反公路交通规则，从而使他人的生命、身体面临迫近的危险的，构成重罪，处3年以下监禁。

2. 如果犯罪行为具有下列情形之一的，分别给予下列处罚：

a）如果犯罪行为造成他人极度痛苦的身体伤害的，处5年以下监禁；

b）如果犯罪行为造成他人终身残疾的、健康的严重损害或者大规模的灾难的，处2至8年监禁；

c）如果犯罪行为造成人员死亡后果的，处5至10年的监禁；

d）如果犯罪行为造成1人以上死亡的后果或者有人员死亡的大规模灾难的，处5至15年监禁。

造成公路事故罪

第187条

1. 任何人违反公路交通规则，过失地给他人造成极度痛苦的身体伤害的，构成轻罪，处1年以下监禁、公益劳动或者罚金。

2. 如果犯罪行为具有下列情形之一的，分别给予下列处罚：

a）如果犯罪行为造成他人终身残疾的、健康的严重损害或者大规模的灾难的，处3年以下监禁；

b）如果犯罪行为造成人员死亡后果的，处1至5年监禁；

c）如果犯罪行为造成的死亡人数2人以上或者造成有人员死亡的大规模灾难的，处5至8年监禁。

在酒精或者其他精神药品作用下驾驶罪

第188条

1．任何人在酒精或者对驾驶能力有降低作用的物质的作用下，驾驶铁路交通工具、航空器、机动的船只或者水运工具、机动车辆的，构成轻罪，处1年以下监禁、公益劳动或者罚金。

2．如果犯罪行为具有下列情形之一的，构成重罪，分别给予下列处罚：

a）如果犯罪行为造成他人极度痛苦的身体伤害的，处3年以下监禁；

b）如果犯罪行为造成他人终身残疾的、健康的严重损害或者大规模的灾难的，处5年以下监禁；

c）如果犯罪行为造成人员死亡后果的，处2至8年监禁；

d）如果犯罪行为造成1人以上死亡的后果或者有人员死亡的大规模灾难的，处5至10年监禁。

3．任何人在酒精或者对驾驶能力有降低作用的物质的作用下，驾驶非机动的船只或者水运工具、非机动的车辆，造成第2款规定的危害后果的，应当根据第2款规定的4种不同情形，分别追究其刑事责任。

违禁让他人驾驶交通工具罪

第189条

1．任何人让处于受酒精作用状态的人或者因为其他原因不适宜从事驾驶的人，驾驶铁路交通工具、航空器、机动船只或者水运工具、公路上的机动车辆的，构成轻罪，处1年以下监禁、公益劳动或者罚金。

2．如果有下列情形之一，构成重罪，分别给予下列处罚：

a）如果犯罪行为造成他人终身残疾的、健康的严重损害或者大规模的灾难的，处3年以下监禁；

b）如果造成死亡后果的，处5年以下监禁；

c）如果造成1人以上死亡或者有人员死亡的大规模灾难的，处2至8年监禁。

肇事后逃逸罪

第190条

如果交通工具的驾驶人在肇事后，不立即停车，或者在弄清楚受伤的人或者面临直接危及生命或者身体危险的人是否需要救助之前离开现场的，如果没有构成更为严重的其他犯罪的，构成轻罪，处1年以下监禁、公益劳动或者罚金。

解释性条款

第191条

1. 行为人虽然违反了公路交通工具驾驶规则，但在公路之外的其他地方造成伤亡后果的，也应当适用前述发生于公路上的犯罪的规定。

2. 关于行人和乘客的规定，不应视为第185条和第187条中所说的“交通规则”。

第十四章　危害婚姻、家庭、未成年人、性道德罪

第一节　危害婚姻、家庭、未成年人罪

重婚罪

第192条

任何人在其婚姻关系存续期间又缔结另一新的婚姻，或者与正处于婚姻关系中的他人缔结婚姻的，构成重罪，处3年以下监禁。

改变他人家庭成员状态罪

第 193 条

1. 任何人改变他人原有的家庭成员状态，尤其是将一个儿童以交易或者走私的方式进入其他家庭的，构成重罪，处 3 年以下监禁。

2. 如果改变他人家庭成员状态行为的实施具有下列情形之一的，处 1 至 5 年监禁：

a）由医疗或者教育机构的雇员在其职业范围内实施的；

b）由负责对未满 18 周岁的人进行指导、监护、监督的人实施的。

3. 如果医疗机构或者教育机构的工作人员出于过失而实施本罪的犯罪行为的，构成轻罪，处 1 年以下监禁、公益劳动或者罚金。

改变对未成年人的监护罪

第 194 条

任何出于永久地改变监护状态、藏匿或者偷偷抚养的目的，未经有权机关确定的监护人的同意，将未成年人从该监护人处带走的，构成轻罪，处 1 年以下监禁、公益劳动或者罚金。

危害未成年人罪

第 195 条

1. 有义务对某一未成年人进行教育、监督、照料的人，严重地违反由这些义务产生的职责，因此危害该未成年人的身体发育、智力发展与道德培养的，构成重罪，处 1 至 5 年监禁。

2. 成年人引诱或者试图引诱未成年人去实施犯罪或者追求放纵的生活方式，如果没有构成更重的其他犯罪的，应当根据第 1 款的规定追究刑事责任。

3. 成年人强迫未成年人进行劳动的，构成重罪，处 2 至 8 年监禁。

泽秽物品罪

第195条A

1. 任何人持有以电视、电影、摄影设备或者任何其他方式制作的未成年人淫秽图像的，构成重罪，处3年以下监禁。

2. 任何人销售和（或）传播以电视、电影、摄影设备或者任何其他方式制作的未成年人淫秽图像的，构成重罪，处5年以下监禁。

3. 任何人生产以电视、电影、摄影设备或者任何其他方式制作的未成年人淫秽图像，和（或者）传播或使公众能够得到这些淫秽图像的，构成重罪，处2至8年监禁。

4. 任何人让未成年人参与淫秽表演的，按照第3款的规定追究刑事责任。

5. 任何人提供金融工具以帮助第3款和第4款规定的犯罪行为的实施的，处2至8年监禁。

6. 第1款至第4款中规定的“淫秽图像”或者“淫秽表演”，是指专门为了激起性行为而以非常下流的方式进行暴露的性行为或者性展示。

不扶养罪

第196条

1. 行为人依法负有扶养义务，且有权机关为此作出了其应当履行这一义务的可执行决定，由于其本人的过错而不履行这一义务的，构成轻罪，处2年以下监禁、公益劳动或者罚金。

2. （废止）

3. 如果行为人的不扶养行为使权利人遭受严重损害的，构成重罪，处1年以下监禁。

4. 如果行为人在第一审判决作出之前履行了其义务的，对第 1 款和第 2 款规定的行为，不再追究刑事责任；对第 3 款规定的行为，可以不受限制地予以减轻处罚。

第二节　违反性道德罪

强奸罪

第 197 条

1. 任何人使用暴力或者危害生命、身体的威胁强迫妇女进行性交，或者利用妇女处于无自卫能力或者无意志表达能力的状态与其进行性交的，构成重罪，处 2 至 8 年监禁。

2. 如果强奸行为的实施具有下列情形之一的，处 5 至 10 年监禁：

a）被害人不满 12 周岁的；

b）被害人是由行为人教育、监督、照料、治疗的人员的；

c）不止一个的行为人在彼此知情的情况下在同一时间对被害人进行轮奸的。

3. 对不满 12 周岁的被害人实施强奸行为，同时具有第 2 款 b 项或者 c 项规定的情形的，处 5 至 15 年监禁。

猥亵袭击罪

第 198 条

1. 任何人使用暴力或者危害生命、身体的威胁强迫他人实施鸡奸或者忍受被鸡奸，或者利用他人处于无自卫能力或者无意志表达能力的状态实施鸡奸的，构成重罪，处 2 至 8 年监禁。

2. 如果鸡奸行为的实施具有下列情形之一的，处 5 至 10 年监禁：

a）被害人不满 12 周岁的；

b）被害人是由行为人教育、监督、照料、治疗的人员的；

c）不止一个的行为人在彼此知情的情况下在同一时间对被害人进行鸡奸的。

3. 对不满 12 周岁的被害人实施鸡奸行为，同时具有第 2 款 b 项或者 c 项规定的情形的，处 5 至 15 年监禁。

进行违背自然的性交罪

第 199 条（废止）

强制进行违背自然的性交罪

第 200 条（废止）

诱奸罪

第 201 条

1. 任何人对不满 14 周岁的人进行性交，或者已满 18 周岁的人对不满 14 周岁的人实施猥亵行为的，构成重罪，处 1 至 5 年监禁。

2. 已满 18 周岁的人努力说服不满 14 周岁的人与其性交或者实施猥亵行为的，构成重罪，处 3 年以下监禁。

3. 如果第 1 款或者第 2 款规定犯罪的被害人是行为人的亲属或者是由行为人教育、监督、照料、治疗的人员的，应当分别处 2 至 8 年监禁或者 1 至 5 年监禁。

第 202 条

1. 任何人引诱不满 14 周岁的人与他人性交或者实施猥亵行为的，构成重罪，处 1 至 5 年监禁。

2. 已满 18 周岁的人努力说服不满 14 周岁的人与他人性交或者实施猥亵行为的，构成重罪，处 1 年以下监禁。

3. 如果第 1 款或者第 2 款规定犯罪的被害人是行为人的亲属或者是由行为人教育、监督、照料、治疗的人员的，分别处 2 至 8 年监禁或者 1 至 5 年监禁。

乱伦罪

第 203 条

1. 任何人与其直系亲属性交或者实施猥亵行为的，构成重罪，处 1 至 5 年监禁。

2. 如果属于卑亲属的一方行为人在实施行为时未满 18 周岁的，不应当追究刑事责任。

3. 任何人与其兄弟姐妹性交的，构成轻罪，处 2 年以下监禁。

卖淫罪

第 204 条（废止）

促成卖淫罪

第 205 条

1. 任何人为他人卖淫提供房屋或者其他场所的，构成重罪，处 3 年以下监禁。

2. 任何人经营、管理妓院或者对其运作提供经济支持的，构成重罪，处 5 年以下监禁。

3. 如果犯罪行为的实施具有下列情形之一的，处 2 至 8 年监禁：

a）未满 18 周岁的人在该妓院中从事卖淫的；

b）（废止）

4. 任何人说服他人从事卖淫的，应当根据第 1 款的规定追究刑事责任。

以卖淫收入为生罪

第 206 条

任何人完全或者部分地依靠从事卖淫人员的收入为生计的，构成重罪，处 3 年以下监禁，也可以对犯罪人适用驱逐作为附加刑。

淫媒罪

第 207 条

1. 任何人出于牟利的目的，为他人勾引与之性交或者实施猥亵行为的人的，构成重罪，处3年以下监禁。

2. 如果淫媒行为是以商业化经营的方式实施的，处1至5年监禁。

3. 如果淫媒行为的实施具有下列情形之一的，处2至8年监禁：

a）被害人是行为人的亲属或者是由行为人教育、监督、照料、治疗的人员或者是不满18周岁的人；

b）使用欺骗、暴力或者危害生命、身体的威胁的手段的。

c）（废止）

4. 任何人同意实施第2款规定的淫媒行为的，构成重罪，处3年以下监禁。

猥亵罪

第 208 条

任何人出于满足他人的性欲的目的，以猥亵的方式在他人面前暴露其身体的，构成轻罪，处2年以下监禁、公益劳动或者罚金。

自诉

第 209 条

第197条第1款、第201条第1款和第2款规定的犯罪只依据自诉追究刑事责任，但同时构成其他非自诉犯罪的除外。

解释性条款

第 210 条

未满12周岁的人，应当视为第197条和第198条规定的“无自卫能力的人”。

第 210 条 A

1. 卖淫，是指出于获取相应利益的目的而与他人性交或者实施猥亵行为。

2. 本节规定的“猥亵行为”，是指出于刺激或者满足性欲的目的而实施的除性交之外的其他极为下流的行为。

第十五章　危害国家管理、司法管理与公职廉洁罪

第一节　破坏选举、公民投票与公民创制罪

破坏选举、公民投票与公民创制罪

第 211 条

任何人在根据《选举程序法》而举行的选举、公民投票和公民创制的实施过程中——

a）违反提名程序的规定，使用暴力、胁迫、欺骗、提供经济利益的手段获得推荐的；

b）为了启动全国性的公民否决投票或者公民创制，使用暴力、胁迫、欺骗、提供经济利益的手段获取签名的；

c）无资格但参与投票的；

d）无资格但参与签名或者展示虚假的资料的；

e）以暴力、暴力威胁、欺骗手段阻碍投票人参加选举、公民投票或者公民创制，或者以提供经济利益为手段试图对投票者施加影响的；

f）侵害选举或者公民投票的秘密性的；

g）伪造选举、公民投票或者公民创制的结果的，构成重罪，处 3 年以下监禁。

第二节　违警罪

滥用结社权利罪

第 212 条（废止）

第 212 条 A

任何人参与已经被法院解散的社会组织的管理的，如果没有构成更重的其他犯罪的，构成轻罪，处 1 年以下监禁、公益劳动或者罚金。

危害出版监管罪

第 213 条

任何人——

a）对需要获得许可或者注册才能制作、分销的出版物，在未获许可或者未经注册的情况下制作、分销的；

b）传播已经被作为扣押或者没收决定的出版物的，构成轻罪，处罚金。

违反入境和居留限制罪

第 214 条

任何被禁止入境和居留的外国人，未经许可进入匈牙利共和国领域的，构成轻罪，处 1 年以下监禁。

为非法居留提供帮助罪

第 214 条 A

1. 任何人出于获得经济利益的目的，向不属于欧盟任一成员国公民的外国人提供帮助使其非法居留在欧盟任一成员国领域内的，如果没有构成更重的其他犯罪的，构成轻罪，处 2 年以下监禁、公益劳动或者罚金。

2. 任何人出于获取经济利益的目的，向外国人提供帮助使其非法居留在匈牙利共和国领域内的，不能为第 1 款的规定所包括的，如果没有构成更重的其他犯罪，应当根据第 1 款的规定追究刑事责任。

毁坏土地勘测标志罪

第 215 条

任何人毁灭、破坏、移除土地勘测标志的，构成轻罪，处罚金。

故意破坏名胜古迹罪

第 216 条

1. 任何人故意破坏由其占有的名胜古迹的，构成重罪，处 3 年以下监禁。

2. 任何人毁灭第 1 款规定的名胜古迹，或者对其造成无法修复的损坏使其失去作为名胜古迹的特征的，处 5 年以下监禁。

故意破坏文物罪

第 216 条 A

1. 任何人故意破坏受国家保护文物的物品的，构成重罪，处 3 年以下监禁。

2. 任何人毁灭第 1 款规定的物品或者给这些物品造成无法弥补的损坏的，处 5 年以下监禁。

非法使用文物罪

第 216 条 B

1. 任何人转让列入保护目录中的被视为文物的物品或者属于受保护的物品集群的某一部分的物品，或者在被视为文物的受保护物品的所有权发生变更时不以法律规定的方式报告的，构成重罪，处 3 年以下监禁。

2. 对需要获得许可才能出口的文物，在未获出口许可的情况下予以出口，或者超出出口许可的范围予以出口的，应当根据第1款的规定追究刑事责任。

擅自越过国界罪

第217条（废止）

偷渡人口罪

第218条

1. 任何人出于获取经济利益或者其他财产利益的目的，向越过国境的人提供帮助，且具有下列情形之一的：

a）未获得授权的；

b）以未被授权的方式实施的，构成重罪，处3年以下监禁。

2. 如果偷渡人口行为的实施具有下列情形之一的，处1至5年监禁：

a）为了获得经济利益或者其他财产利益的目的；

b）针对多人实施的。

3. 如果偷渡人口行为的实施具有下列情形之一的，处2至8年监禁：

a）以折磨被偷渡人的方式实施的；

b）以持有枪支的方式实施的；

c）以商业化经营的方式实施的。

4. 任何人实施第1款至第3款规定的偷渡人口罪的预备行为的，构成轻罪，处2年以下监禁。

5. 对实施偷渡人口罪的行为人，可以适用驱逐出境作为附加刑。

对相关行为的知情不举罪

第219条（废止）

毁坏国界标志罪

第220条

任何人毁灭、破坏、移除用以划分国界的标志的，构成轻罪，处 1 年以下监禁、公益劳动或者罚金。

第三节　侵害国家秘密与服役秘密罪

侵害国家秘密罪

第 221 条

1. 任何人有下列行为之一的，构成重罪，处 1 至 5 年监禁：

a）以未获授权的方式获取国家秘密的；

b）未经授权使用国家秘密，或者将所知悉或者由其持有的国家秘密让无资格获取的他人得到的。

2. 如果犯罪行为的实施具有下列情形之一的，分别予以下列处罚：

a）如果犯罪行为针对特别重要的国家秘密实施或者造成巨大的损害后果的，处 2 至 8 年监禁；

b）如果国家秘密被无资格获取的外国人得到的，处 5 至 15 年监禁。

3. 任何人过失地实施侵害国家秘密的犯罪行为的，构成轻罪：过失地实施第 1 款规定的行为的，处 1 年以下监禁；过失地实施第 2 款规定的行为的，按照该款规定的 2 种不同情形，分别处 2 年以下监禁或者 5 年以下监禁。

4. 任何人实施第 2 款规定的侵害国家秘密罪的预备行为的，构成重罪，针对该款规定的 2 种不同情形，分别处 3 年以下监禁或者 5 年以下监禁。

侵害服役秘密罪

第 222 条

1. 任何人有下列行为之一的，构成轻罪，处 1 年以下监禁、公益劳动或者罚金：

a）未经授权获取服役秘密；

b）未经授权使用服役秘密，或者将所知悉或者由其持有的服役秘密为无资格获取的他人得到的。

2. 如果犯罪行为的实施造成严重的损害后果的，构成重罪，处3年以下监禁。

3. 如果犯罪行为的实施具有下列情形之一的，分别予以下列处罚：

a）如果造成服役秘密被无资格获取的外国人得到的，处1至5年监禁；

b）如果造成军事服役秘密被无资格获取的外国人得到的，处2至8年监禁。

不报告侵害国家秘密犯罪活动罪

第223条

1. 任何人确切地知悉下列情况之一的，如果其不尽快地向有权机关报告的，构成轻罪，处1年以下监禁，公益劳动或者罚金：

a）他人已经实施了侵害国家秘密罪的预备行为的；

b）他人已故意实施侵害国家秘密罪行且尚未被发觉的。

2. 对于行为人的亲属，不应适用第1款的规定追究刑事责任。

国家秘密与职务秘密

第224条（废止）

第四节　公职犯罪

滥用职权罪

第 225 条

公务员出于造成非法损害或者获取非法利益的目的，违反其官方义务、超越职权或者以其他方式滥用其官方地位的，构成重罪，处 3 年以下监禁。

公务活动中的虐待罪

第 226 条

公务员在其公务活动中袭击他人的，构成轻罪，处 2 年以下监禁。

刑讯逼供罪

第 227 条

公务员出于强迫他人供认或者陈述的目的，使用暴力、威胁或者其他类似方法的，构成重罪，处 5 年以下监禁。

擅自秘密收集情报罪

第 227 条 A

1. 公务员在未获得法官或者司法部长的授权的情况下擅自从事秘密收集情报的活动，或者在刑事诉讼中未获得法官授权而擅自秘密收集资料，或者虽然获得了上述授权但超出授权范围实施其行为的，构成重罪，处 5 年以下监禁。

2. 无法定资格的人命令或者授权他人，进行本应获得法官或者司法部长授权才能进行的秘密收集情报活动或者在刑事诉讼中进行本应获得法官授权才能进行的秘密收集资料的活动的，应当根据第 1 款的规定追究刑事责任。

3. 如果犯罪行为造成的利益损失数额巨大的，处 2 至 8 年监禁。

非法羁押罪

第228条

1. 公务员非法剥夺他人的人身自由的，构成重罪，处5年以下监禁。

2. 如果非法剥夺他人的人身自由的行为的实施具有下列情形之一的，处2至8年监禁：

a）出于卑劣的原因或者目的；

b）以折磨被害人的方式实施的；

c）造成严重的后果的。

3.（废止）

暴力侵害结社、集会自由罪

第228条A

1. 任何人以暴力、威胁方法非法阻碍他人行使结社或者集会权利的，构成重罪，处3年以下监禁。

2.（废止）

第五节 侵害公务人员罪

暴力侵害公务员罪

第229条

1. 任何人以武力、武力威胁为手段，试图阻止公务员或者外国公务员从事其合法的公务活动，或者对正在从事公务的公务员或者外国公务员或者因为其公务活动而对其采取某种行动或者进行袭击的，构成重罪，处3年以下监禁。

2. 如果暴力侵害公务员罪是以集团犯罪的方式或者持械的方式实施的，处5年以下监禁。

3．对第2款规定的犯罪集团的组织者或者领导者，处2至8年监禁。

4．任何人参加以实施暴力侵害公务员罪为目的的犯罪集团的，构成轻罪，处2年以下监禁；但如果是该集团的组织者或者领导者，构成重罪，处3年以下监禁。

5．任何人因为公务员或者外国公务员的公务活动而对其进行袭击的，即使在犯罪行为实施之时被袭击者已经不再是公务员或者外国公务员的，也应当根据第1款至第4款的规定追究其刑事责任。

6．犯罪集团的参加者应有权机关的要求自动脱离该集团的，不应当根据第4款的规定追究其刑事责任。

暴力侵害执行公务的人员罪

第230条

任何人对执行公务的人员实施暴力侵害的，应当按照第229条的规定追究其刑事责任。

暴力侵害协助公务员执行职务的人员罪

第231条

任何人对向执行官方或者公共职务的人员予以协助、保护的人员实施暴力侵害的，应当按照第229条的规定追究其刑事责任。

暴力侵害受国际保护人员罪

第232条

1．任何人针对处于本国领域内的受国际保护人员实施袭击行为，或者剥夺其人身自由，或者危害其隐私，甚至以袭击其办公室、私人住宅、交通工具的手段侵害其人身自由的，构成重罪，处5年以下监禁。

2．任何人威胁实施第1款规定的犯罪行为的，构成重罪，处3年以下监禁。

3. 本法规定的“受国际保护人员”，是指根据某一国际条约被授予外交豁免权或者基于国际法被授予某一其他形式的特权的任何外国公务员。

第六节 妨害司法罪

诬告罪

第233条

1. 任何人有下列行为之一的，构成重罪，处3年以下监禁：

a）虚假地向有权机关指控他人实施了犯罪行为；

b）让有权机关获悉与某一犯罪有关的伪造的证据的。

2. 如果已经根据诬告启动刑事诉讼程序的，处5年以下监禁。

3. 如果已经根据诬告判处被指控人有罪的，处2至8年监禁。

第234条

任何人虚假地向有权机关指控他人实施了犯罪行为，但是出于过失而不知道其所陈述的事实或者证据是虚假的，构成轻罪，处1年以下监禁、公益劳动或者罚金。

第235条

任何人有下列行为之一的，构成轻罪，处1年以下监禁、公益劳动或者罚金：

a）虚假地向侦查机关、检察官、法官或者处理一般违法行为的机关指控他人实施了一般违法行为，或者虚假地向侦查机关、检察官、法官或者行使惩戒权的机关指控他人实施了某一应受纪律惩戒的行为的；

b）让a项规定的有权机关获悉与某一一般违法行为或者应

受纪律惩戒的行为有关的伪造的证据的。

第 236 条

1．如果程序已经基于诬告而启动的（该程序的基础性事务），在该基础性事务未实施终结之前，只有实施这些基础性事务的有权机关提出请求时，才可以启动对诬告行为的刑事诉讼程序。如果没有提出上述请求的，诬告罪的追诉时效从这些基础性事务实施终结之日起算。

2．如果行为人在程序的这些基础性事务终结之前向正在采取行动的机关申明其指控的虚假性质的，可以给予不受限制的减轻处罚，对有必要予以特别评价的案件，甚至可以免除处罚。

误导司法机关罪

第 237 条

任何人向有权机关作出明知是虚假的、作为刑事诉讼程序依据的声明的，如果不属于第 233 条规定的情形的，构成轻罪，处 1 年以下监禁、公益劳动或者罚金。

伪证罪

第 238 条

1．证人就某一事件的基本事实向法院或者其他有权机关提供虚假的证明，或者对事实的真相保持沉默的，构成伪证罪。

2．对下列人员的行为，也应当适用关于伪证罪的规定：

a）作为专家提供虚假的专家意见，作为特邀顾问提供虚假的信息的；

b）作为翻译人提供虚假的翻译的；

c）让虚假的文书或者虚假的物证在刑事诉讼程序或者民事诉讼程序中被使用，但不属于第 233 条第 1 款 b 项规定的行为的。

3．刑事诉讼的被告人实施第 2 款 c 项规定的行为的，不应当追究刑事责任。

4. 如果在刑事案件中实施作伪证行为的，构成重罪，处5年以下监禁；如果对可能判处终身监禁的犯罪作伪证的，处2至8年监禁。

5. 如果在民事案件中实施作伪证行为的，构成重罪，处3年以下监禁；如果案件标的物的价值数额特别巨大或者属于其他特别重要的利益的，处5年以下监禁。

6. 任何人过失地实施作伪证的行为的，构成轻罪，处1年以下监禁、公益劳动或者罚金。

第239条

任何人在惩戒性诉讼、一般违法行为处理程序、仲裁委员会程序或者其他司法程序中作伪证的，构成轻罪，处1年以下监禁、公益劳动或者罚金。

第240条

如果程序已经基于作伪证而启动的（该程序的基础性事务），在该基础性事务未实施终结之前，只有实施这些基础性事务的有权机关提出请求时，才可以启动对作伪证行为的刑事诉讼程序。如果没有提出上述请求的，伪证罪的追诉时效从这些基础性事务实施终结之日起算。

第241条

1. 对下列人员不应当以伪证罪追究其刑事责任：

a）对该事实的揭露将同时构成对其本人或者亲属实施某一犯罪的指控的；

b）在接受听证之前未就有关事实对其予以提醒，因而其以任何其他理由拒绝提供证据的，或者其提供的听证资料，依法被排除效力的。

2. 如果行为人在该程序的基础性事务以不可上诉的方式终结之前，向正在采取行动的机关申明其所提供的证据的虚假性质的，可以给予不受限制的减轻处罚，对有必要予以特别评价的案件，甚至可以免除处罚。

教唆他人提供伪证罪

第 242 条

1. 任何人试图教唆他人在刑事诉讼程序中作伪证的，构成重罪，处 3 年以下监禁；试图教唆他人在民事诉讼程序中作伪证的，构成轻罪，处 2 年以下监禁。

2. 任何人在惩戒案件、一般违法行为案件、仲裁案件或者其他司法程序中教唆他人作伪证的，处 1 年以下监禁、公益劳动或者罚金。

妨碍司法罪

第 242 条 A

1. 任何人试图以暴力、威胁手段妨碍他人在法院或者其他司法程序中自由地行使其合法权利，或者怂恿其不履行义务的，构成妨碍司法罪。

2. 如果妨碍司法罪针对刑事案件实施的，处 5 年以下监禁；如果该刑事案件涉及可能判处终身监禁的犯罪行为的，处 2 至 8 年监禁。

3. 如果妨碍司法罪针对民事案件、惩戒处分案件、一般违法案件、仲裁案件或者其他司法程序实施的，处 3 年以下监禁；如果案件的标的物价值数额巨大或者具有其他重大利益的，处 5 年以下监禁。

不透露使人脱罪的情节罪

第 243 条

1. 任何人不向遭受刑事诉讼程序处理的他人、辩护律师或者有权机关透露可能据以让该人宣告无罪的事实的，构成重罪，处 5 年以下监禁。

2．对下列人员不应根据第1款的规定追究其刑事责任：

a）对该事实揭露将同时构成对其本人或者亲属实施某一犯罪的指控的；

b）作为证人的听证资料，依法被排除效力。

窝藏犯罪分子罪

第244条

1．未在实施行为之前与某一犯罪的行为人就此达成合意的任何人有下列行为之一的，构成轻罪，处1年以下监禁：

a）向该犯罪行为人提供援助以便其逃脱有权机关的追诉的；

b）极力阻碍刑事诉讼的顺利进行的；

c）协力保护犯罪所得的。

2．以牟利为目的实施窝藏犯罪分子的行为的，构成重罪，处3年以下监禁。

3．如果窝藏犯罪分子行为的实施具有下列情形之一的，构成重罪，处5年以下监禁：

a）针对下列犯罪实施：暴力改变宪法秩序罪，共谋危害宪法秩序罪，暴乱罪，蓄意破坏罪，重大叛国罪，叛国罪，援助敌人罪，间谍罪，杀人罪（第166条第1款和第2款），绑架罪，恐怖主义行为罪，劫持航空器、铁路、水运、陆路运输工具、货运交通工具罪或者可能判处终身监禁的某一军职犯罪；

b）由从事公务活动中的公务员实施的。

4．除非具有第2款和第3款b项规定的情形，行为人为其亲属实施第1款a项规定的窝藏行为的，不应当追究刑事责任。

脱逃罪

第245条

1．在刑事诉讼过程中逃脱有权机关的监管或者在监禁服刑过程中逃跑的，构成重罪，处3年以下监禁。

2. 由于获得许可的中断监管、假期、短假、出狱假期而解除监管状态的罪犯，出于逃避监禁继续执行之目的，不在规定的时间内返回监管场所的，构成轻罪，处1年以下监禁、公益劳动或者罚金。

罪犯暴动罪

第246条

1. 任何罪犯与其同监罪犯一起参与严重危害执法秩序的公然违抗管理活动的，构成重罪，处1至5年监禁。

2. a）对罪犯暴动罪的发起者、组织者、领导者；

b）针对反暴动行为的人员实施暴动的参与者，处2至8年监禁。

3. 如果犯罪行为造成特别严重的后果的，处5至15年监禁。

4. 如果第1款规定的犯罪行为的行为人自动地或者基于有权机关的呼吁而停止对抗行为的，可以给予不受限制的减轻处罚。

5. 任何人实施罪犯暴动罪的预备行为的，构成重罪，处3年以下监禁。

律师滥用权利罪

第247条

1. 律师出于给当事人造成非法损害为目的，违反其职业义务的，构成重罪，处3年以下监禁。

2. 如果出于牟利目的实施本罪的，处5年以下监禁。

3. 本条所规定的“律师”，是指见习律师和因其职业而有资格从事法律代理事务的其他任何人员。

以欺诈手段从事法律事务罪

第248条

1. 任何人以牟利为目的非法地从事律师、法律顾问或者公证服务的，构成轻罪，处2年以下监禁、公益劳动或者罚金。

2. 任何人以谎称其有从事律师、法律顾问、公证服务的资格实施本罪犯罪行为的，构成重罪，处3年以下监禁。

破坏查封标志罪

第249条

1. 任何人移除、破坏在官方活动中实施没收、查封、扣押的标志，或者打开已被封锁的用来保管已被没收、查封、扣押物品的建筑物的，构成轻罪，处1年以下监禁、公益劳动或者罚金。

2. 任何人隐藏已被没收、查封、扣押的物品而使自己免于被执行的，构成轻罪，处2年以下监禁、公益劳动或者罚金。

3. 实施第2款规定的犯罪行为的人如果在被起诉之前，将隐藏的物品无损坏地归还给原执行机关的，不应当追究刑事责任。

妨碍司法执行活动罪

第249条A

1. 任何因为在司法执行过程中实施藐视行为而被罚款的人，继续实施该藐视行为或者不履行有关执行程序的法定义务（不包括可执行的文书中所包含的义务）的，构成轻罪，处1年以下监禁、公益劳动或者罚金。

2. 行为人如果在被起诉之前，履行了有关司法执行程序的义务的，不应当追究刑事责任。

妨碍国际法庭司法活动

第249条B

在根据本国以法案公布的国际公约或者联合国安理会的立法决议而成立的某一国际刑事法庭以及欧盟法院进行诉讼的过程中或者与之相关的活动中，实施妨碍行为的，应当分别适用第233

条、第234条、第236条至第238条、第240条至第244条的规定追究刑事责任。

第七节 危害公共职务廉洁罪

贿赂罪

第250条

1. 任何公务员索取与以其官方身份实施的行为相关的非法利益，或者收受这种非法利益、利益许诺，或者与索取或者收受该利益的同谋者达成合意的，构成重罪，处1至5年监禁。

2. 如果犯罪行为的实施具有下列情形之一的，处2至8年监禁：

a）由高级公务员实施的，或者被委托在重要事项中采取行动的人实施的；

b）由其他公务员在极为重要的事项中实施的。

3. 如果行为人以违反其官方职责、超越其职权或者以其他方式滥用官方地位作为获得不法利益的交换条件，或者以犯罪共谋的方式或者商业化经营的方式实施第1款或者第2款规定的行为的，分别处2至8年监禁或者5至10年监禁。

第251条

1. 财政预算机构、经济组织、非政府组织的任何雇员或者成员，索取与以其公务身份实施的行为相关的非法利益，或者以违反其职责作为交换条件收受这种非法利益或利益许诺，或者与索取或者收受该利益的同谋者达成合意的，构成轻罪，处2年以下监禁。

2. 行为人实施违反其职责的行为作为获取非法利益的交换条件的，构成重罪，处1至5年监禁；如果其违反职责的行为牵涉具有重要性的事项的或者以犯罪共谋的方式或者商业化经营的方式实施的，处2至8年监禁。

第252条

1. 被授权以财政预算机构、经济组织、非政府组织的名义行事并且代表该组织的任何雇员或者成员，索取与以其公务身份实施的行为相关的非法利益，或者收受这种非法利益或利益许诺，或者与索取或者收受该利益的同谋者达成合意的，构成重罪，处1至5年监禁。

2. 行为人实施违反其职责的行为作为获取非法利益的交换条件的，处2至8年监禁。

3. 如果犯罪行为的实施具有下列情形之一的，处5至10年监禁：

a）如果其违反职责的行为牵涉具有重要性的事项的；

b）以犯罪共谋或者商业化经营的方式实施的。

第253条

1. 任何人因为公务员以其官方身份从事的公务行为，而实际给予或者许诺给予该公务员以非法利益的，构成重罪，处3年以下监禁。

2. 如果行贿人实际给予或者许诺给予公务员以非法利益，怂恿其违反其官方职责、超越职权或者以其他方式滥用其官方地位的，构成重罪，处1至5年监禁。

3. 某一商业组织的成员为了商业组织的利益实施了第1款和第2款规定的犯罪行为，但如果该商业组织的领导者、有权实施管理监督的成员或者雇员此前适当地履行了其管理监督职责的话，该犯罪行为的实施本来可能被阻止的，可以依照第1款的规定对该商业组织的领导者、有权实施管理监督的成员或者雇员追究刑事责任。

4. 如果第 3 款规定的犯罪行为是非自愿地实施的，商业组织的领导者、有权实施管理监督的成员或者雇员的行为，构成轻罪，处 2 年以下监禁、公益劳动或者罚金。

第 254 条

1. 任何人实际给予或者许诺给予财政预算机构、经济组织、非政府组织的某一雇员、成员或其雇员、成员指定的第三人以非法利益，怂恿该雇员或者成员违反其职责的，构成轻罪，处 2 年以下监禁。

2. 如果向被授权以某财政预算机构、经济组织、非政府组织的名义行事并且代表该组织的雇员或者成员，实际给予或者许诺给予上述非法利益的，处 3 年以下监禁。

第 255 条

1. 任何人实际给予或者许诺给予他人或者该他人指定的第三人以非法利益，怂恿他人在法院或者其他司法程序中不行使其合法权利或者怂恿其不履行义务的，构成重罪，处 3 年以下监禁。

2. 任何人接受非法利益而在法院或者其他司法程序中不行使其合法权利或者不履行其义务的，应当根据第 1 款的规定追究其刑事责任。

第 255 条 A

1. 如果第 250 条第 1 款和第 2 款、第 251 条第 1 款、第 252 条第 1 款、第 255 条第 2 款规定的犯罪行为的行为人，在有权机关知悉之前供认其行为，并将所获取的任何形式的非法利益交付给有权机关，同时透露犯罪行为的具体情况的，应当予以免除处罚。

2. 如果第 253 条、第 254 条和第 255 条第 1 款规定的犯罪行为的行为人向有权机关供认未被发觉的行为并透露犯罪行为的具体情节的，可以免除其刑事责任。

不报告贿赂犯罪活动罪

第255条 B

1. 任何公务员通过可靠的来源知悉某一尚未被发现的贿赂行为（第250条至第255条），但未及时向有权机关报告的，构成轻罪，处2年以下监禁、公益劳动或者罚金。

2. 对贿赂犯罪行为人的近亲属，不应根据第1款的规定追究刑事责任。

进行影响力交易罪

第256条

1. 任何人出于对公务员施加影响的目的，为自己或者代表他人索取或者收受非法利益的，构成重罪，处1至5年监禁。

2. 如果犯罪行为的实施具有下列情形之一的，处2至8年监禁：

a）谎称或者假装其正在贿赂公务员的；

b）谎称是公务员的；

c）以商业化经营的方式实施本罪的。

3. 任何人在实施第1款规定的犯罪行为时具有下列情形之一的，分别予以下列处罚：

a）针对经济组织或者非政府组织的雇员或者成员实施的，构成轻罪，处2年以下监禁；

b）针对被授权以经济组织或者非政府组织的名义行事并且代表该组织的雇员或者成员实施的，构成重罪，处3年以下监禁。

4. 任何人以商业化经营的方式实施第3款规定的犯罪行为的，构成重罪，分别按照该款规定的2种不同情形，处3年以下监禁或者1至5年监禁。

危害披露公众关心问题的信息的人员罪

第 257 条

任何人对披露公众关心问题的信息的人实施危害行为的，构成轻罪，处 2 年以下监禁、公益劳动或者罚金。

没收

第 258 条（废止）

解释性条款

第 258 条 A

在本节的规定中：

1.（废止）

2. 对必须获得特许授权才能实施的职责，无特许而实施的，也应当视为违反职责。

第八节　危害国际职务廉洁罪

国际关系中的贿赂罪

第 258 条 B

1. 任何人因为外国公务员以其官方身份从事的公务活动，而实际给予或者许诺给予该外国公务员或其指定的第三人以非法利益的，构成轻罪，处 3 年以下监禁。

2. 如果行贿人实际给予或者许诺给予外国公务员以非法利益，怂恿其违反官方职责、超越职权或者以其他方式滥用其官方地位的，处 1 至 5 年监禁。

3. 某一商业组织的成员为了商业组织的利益实施了第 1 款和第 2 款规定的犯罪行为，如果该商业组织的领导者、有权实施管理监督的成员或者雇员此前适当地履行了其管理监督职责就可能防止该犯罪行为的实施的，依照第 1 款的规定对该商业组织的领导者、有权实施管理监督的成员或者雇员追究刑事责任。

4. 如果第3款规定的犯罪行为是非自愿地实施的，商业组织的领导者、有权实施管理监督的成员或者雇员的行为，构成轻罪，处2年以下监禁、公益劳动或者罚金。

第258条C

1. 任何人向外国商业组织的雇员、成员或者雇员、成员指定的其他人，实际给予或者许诺给予非法利益以怂恿其违反其职责的，构成轻罪，处2年以下监禁。

2. 如果向被授权以某外国商业组织的名义行事并且代表该商业组织的雇员或者成员，实际给予或者许诺给予上述非法利益的，处3年以下监禁。

第258条D

1. 任何外国公务员索取与以其官方身份实施的行为相关的非法利益，或者收受这种非法利益、利益许诺，或者与索取或者收受该利益的同谋者达成合意的，构成重罪，处1至5年监禁。

2. 如果行为人以违反其官方职责、超越其职权或者以其他方式滥用官方地位作为获得不法利益的交换条件的，或者以犯罪共谋的方式或者商业化经营的方式实施前款行为的，处2至8年监禁。

利用对国际关系的影响牟利罪

第258条E

任何人出于向外国公务员施加影响的目的，为自己或者代表他人索取或者收受非法利益的，构成重罪，处5年以下监禁。

解释性条款

第258条F

本章第一节和第二节规定的“外国经济组织”，是指根据其属人法的规定以法人身份履行其职能的、有资格以通常的组织形式从事经济活动的组织。

第十六章　危害治安罪

第一节　危害公共安全罪

制造公共危险罪

第 259 条

1. 任何人以制造洪水或者以爆炸物、放射性物质或者其他物质、能源或者放火引发破坏性后果的手段制造公共危险，或者阻碍对公共危险的预防或者对其危害后果的减轻的，构成重罪，处 2 至 8 年监禁。

2. 如果犯罪行为的实施具有下列情形之一的，处 5 至 10 年监禁：

a）作为犯罪共谋的一部分的；

b）造成的经济损失数额达到特别巨大标准或者比之更高的。

3. 如果公共危险造成 1 人以上死亡的后果的，处 5 至 15 年监禁或者终身监禁。

4. 任何人过失地造成公共危险的，构成轻罪，处 3 年以下监禁；如果该过失行为造成的经济损失数额特别巨大或者比之更高的，处 2 年以下监禁；如果该过失行为造成 1 人以上死亡的后果的，处 2 至 8 年监禁。

5. 任何人实施制造公共危险罪的预备行为的，构成重罪，处 3 年以下监禁。

6. 行为人在其制造的公共危险造成任何破坏后果之前，主动消除该公共危险的，可以给予不受限制的减轻处罚。

妨碍公共设施发挥功能罪

第 260 条

1. 任何人以破坏设备、电缆或者其他任何方法，严重地妨碍公共设施发挥职能的，构成重罪，处 5 年以下监禁。

2. 如果犯罪行为是作为犯罪共谋的一部分而实施的，处 2 至 8 年监禁；如果犯罪行为造成的经济损失数额特别巨大或者比之更多的，处 5 至 15 年监禁。

3. 任何人过失地实施本罪的犯罪行为的，构成轻罪，处 3 年以下监禁；如果该过失行为造成的经济损失数额特别巨大或者比之更多的，处 5 年以下监禁。

4. 本条所称的“公共设施”，是指公用事业设施、公共交通设施、电信设施，还包括生产作战物资、能源或者生产基本原料的工厂。

恐怖主义行为罪

第 261 条

1. 任何人出于下列目的，针对他人实施第 9 款规定的暴力犯罪行为，或者实施危害公众或者具有使用枪支情节的犯罪——

a）强迫某一政府机构、其他国家或者国际组织做某事、不做某事或者赞同做某事；

b）恐吓一般公众；

c）阴谋改变或者扰乱其他国家的宪法秩序、经济秩序、社会秩序或者扰乱某一国际组织的运作，构成重罪，处 10 至 15 年监禁或者终身监禁。

2. 任何人出于第 1 款 a 项规定的目的强制占有数额较大的财产或者物品，向政府机构或者非政府组织提出要求，以满足要求作为避免损害、破坏所涉财产、物品或者归还所涉财产、物品的交换条件的，应当根据第 1 款的规定追究刑事责任。

3. 同时具备下列情节的，可以对行为人给予不受限制的减轻处罚：

a）在发生任何严重后果之前放弃第1款和第2款规定的犯罪行为的实施；

b）向有权机关供认其行为，并配合有权机关防止或者减轻犯罪行为的后果、抓捕其他共犯人或者阻止其他犯罪行为的。

4. 任何人阴谋实施第1款或者第2款规定的犯罪，或者实施第1款和第2款规定的犯罪的预备行为的，构成重罪，处5至10年监禁。

5. 任何人在恐怖组织中煽动、建议、邀约、参与、协力实施第1款和第2款规定的犯罪行为，或者以提供意图用于这些活动的工具、为支持这些活动提供或者筹集资金或者以其他形式支持恐怖组织的手段参与帮助、教唆这些犯罪行为的，构成重罪，处5至15年监禁。

6. 如果第5款规定的犯罪行为的行为人，在有权机关知悉其行为之前向有权机关供认其行为，并揭露该犯罪行为的具体情节的，不应当追究其刑事责任。

7. 任何人威胁实施第1款或者第2款规定的犯罪的，构成重罪，处2至8年监禁。

8. 掌握有关恐怖主义行为的可靠情报的任何人，未及时地向有权机关报告的，构成重罪，处3年以下监禁。

9. 对本条的规定而言：

a）“针对人身的暴力犯罪和使用枪支实施的公共危险犯罪”，是指杀人罪（第166条第1款、第2款）、殴打罪（第170条第1至5款）、故意实施的职业活动中的侵害人身罪（第171条第3款）、侵害人身自由罪（第175条）、绑架罪（第175条A）、危害交通安全罪（第184条第1款、第2款）、危害铁路、航空、水上交通罪（第 185 条第 1 款和第 2 款）、暴力侵害公务员罪（第 229 条）、暴力侵害执行公务的人员罪（第 230 条）、暴力侵害协助公务员执行职务的人员罪（第 231 条）、暴力侵害受国际保护人员罪（第 232 条）、制造公共危险罪（第 259 条第 1 至 3 款）、妨碍公共设施发挥功能罪（第 260 条第 1 款、第 2 款）、劫持航空器、铁路、水运、陆路运输工具、货运交通工具罪（第 262 条）、非法使用炸药、爆炸剂罪（第 263 条）、非法使用枪支、弹药罪（第 263 条 A 第 1 至 3 款）、走私武器罪（第 263 条 B）、非法使用放射性物质罪（第 264 条第 1 至 3 款）、非法使用国际条约禁止的武器罪（第 264 条 C 第 1 至 3 款）、破坏计算机系统、计算机数据罪（第 300 条 C）、抢劫罪（第 321 条）和恶意破坏罪（第 324 条）；

b）“恐怖组织”，是指由 3 个或者 3 个以上的人组成的、在较长时间里共同运作的、以实施第 1 款和第 2 款规定的犯罪为目的组织。

违反国际法义务罪

第 261 条 A

1. 任何人违反根据匈牙利共和国所承担的国际法义务而宣布的经济禁令、商业禁令或者金融禁令，如果某一特别法对其违反禁令的行为规定了刑罚的，构成重罪，处 5 年以下监禁。

2. 如果违反国际法义务罪的实施具有下列情形之一的，处 2 至 8 年监禁：

a）使用暴力实施的；

b）公务员利用其职务实施的。

3. 如果违反国际法义务罪的实施具有下列情形之一的，处 5 至 10 年监禁：

a）与枪支、弹药、炸药、爆炸剂或者用于使用前述物品的装备或者计划用于军事用途的任何产品的交易有关的；

b）以持械的方式实施的。

4. 任何人实施违反国际法义务罪的预备行为的，构成重罪，处3年以下监禁。

5. 任何人确切地知悉他人在实施违反国际法义务罪的预备行为，但未及时地向有权机关报告的，构成轻罪，处2年以下监禁。

劫持航空器、铁路、水运、陆路运输工具、货运交通工具罪

第262条

1. 任何人以暴力、胁迫、使他人陷入无意识或者自卫能力丧失的手段，夺取对航空器、铁路、水运、陆路运输工具或者任何货运交通工具的控制的，构成重罪，处5至10年监禁。

2. 如果上述犯罪行为造成1人或者多人死亡的，处5至15年监禁或者终身监禁。

3. 任何人实施劫持航空器、铁路、水运、陆路运输工具、货运交通工具的预备行为的，构成重罪，处2至8年监禁。

4. 行为人在未发生任何严重的后果之前放弃其犯罪行为的实施的，可以给予不受限制的减轻处罚。

非法使用炸药、爆炸剂罪

第263条

1. 任何人在未获得许可的情况下，配制、获取、持有、向无权利持有的人转让炸药、爆炸剂或者使用这些物品的装备的，构成重罪，处2至8年监禁。

2. 任何人实施第1款规定的犯罪行为，具有下列情形之一的，处5至10年监禁：

a）以商业化经营的方式实施的；

b）作为犯罪共谋的一部分而实施的。

3．任何人实施第 1 款规定的犯罪行为，具有下列情形之一的，处 5 至 15 年监禁：

a）（废止）

b）构成特别累犯的。

4．在认定特别累犯时，下列犯罪应当被视为具有类似性质的犯罪：

a）非法使用枪支、弹药罪（第 263 条 A）、走私武器罪（第 263 条 B）、非法使用国际条约禁止的武器罪（第 264 条 C）；

b）针对某一民族、种族、人种、宗教群体的成员的暴行罪（第 174 条 B 第 2 款 a 项）、绑架罪（第 175 条 A 第 2 款 b 项）、非法侵入罪（第 176 条第 2 款 b 项和第 3 款、第 4 款）、制造公共危险罪（第 259 条第 1 至 3 款）、有加重情节的违反国际法义务罪（第 261 条 A 第 3 款）、非法使用放射性物质罪（第 264 条）。

c）（废止）

非法使用枪支、弹药罪

第 263 条 A

1．任何人实施下列行为之一的，构成重罪，处 2 至 8 年监禁：

a）无许可证配制、获取、持有、分销枪支、弹药的；

b）超出许可证规定的范围，配制、获取、持有、交易枪支、弹药的；

c）将其持有的有许可证的枪支、弹药转让给无许可证的人的。

2．任何人实施第 1 款规定的行为，具有下列情形之一的，处 5 至 10 年监禁：

a）以商业化经营的方式实施的；

b）作为犯罪共谋的一部分而实施的。

3. 任何人实施第1款规定的行为，具有下列情形之一的，处5至10年监禁：

a）（废止）

b）构成特别累犯的。

4. 任何人实施下列行为之一的，构成轻罪，处2年以下监禁：

a）将其所持有的用于其已经获得许可证的随身佩带的武器、猎枪、运动枪支的数量较小的弹药转让给未获此种持有许可证的人的；

b）为其未获适当授权的猎枪或者运动枪支获取、持有数量较小的弹药的；

c）获取、持有数量较小的用于其服役所用的随身佩带武器或者用于训练目的而配发给武装部队中的应征入伍人员的随身武器的弹药，或者将这些弹药转让给未获得许可证或者适当授权的人的。

5. 在认定特别累犯时，下列犯罪应当被视为具有类似性质的犯罪：

a）非法使用炸药、爆炸剂罪（第263条）、走私武器罪（第263条B）、非法使用国际条约禁止的武器罪（第264条C）；

b）针对某一民族、种族、人种、宗教群体的成员的暴行罪（第174条B第2款a项）、以持械方式实施的绑架罪（第175条A第2款b项）、非法侵入罪（第176条第2款b项和第3款、第4款）、制造公共危险罪（第259条第1至3款）、有加重情节的违反国际法义务罪（第261条A第3款）、非法使用放射性物质罪（第264条）；

c）非法使用毒品罪（第282条至第283条）、抢劫罪（第321条第3款a项和第4款b项和c项）、使用炸药或者爆炸剂实施的恶意破坏罪（第 324 条第 4 款 c 项）、擅自使用他人机动车辆罪（第327 条第3 款）、军人脱逃罪（第343 条第2 款 a 项和第 4 款至第 5 款）、暴力侵害上级或者级别较高的其他军人罪（第 355 条第 2 款 a 项）。

走私武器罪

第 263 条 B

1. 任何人未获许可证或者超出许可证的范围而进口、出口枪支、弹药、炸药、爆炸剂或者用来使用这些物品的装备的，构成重罪，处 5 至 10 年监禁。

2. 如果第 1 款规定的犯罪行为的实施具有下列情形之一，处 5 至 15 年监禁：

a）以商业化经营的方式实施的；

b）作为犯罪共谋的一部分的。

3. 实施第 1 款规定的犯罪行为的人具有下列情形之一，处 10 至 15 年监禁或者终身监禁：

a）（废止）

b）构成特别累犯的。

4. 在认定特别累犯时，下列犯罪应当被视为具有类似性质的犯罪：

a）非法使用炸药、爆炸剂罪（第 263）、非法使用枪支、弹药罪（第 263 条 A）、非法使用国际条约禁止的武器罪（第 264 条 C），

b）针对某一民族、种族、人种、宗教群体的成员的暴行罪（第 174 条 B 第 2 款 a 项）、以持械方式实施的绑架罪（第 175 条 A 第 2 款 b 项）、非法侵入罪（第 176 条第 2 款 b 项和第 3 款、第 4 款）、制造公共危险罪（第 259 条第 1 至 3 款）、有加重情节的违反国际法义务罪（第 261 条 A 第 3 款）、非法使用放射性物质

罪（第264条）；

c）非法使用毒品罪（第282条至第283条）、抢劫罪（第321条第3款a项和第4款b项至c项）、使用炸药或者爆炸剂实施的恶意破坏罪（第324条第4款c项）、擅自使用他人机动车辆罪（第327条第3款）、军人脱逃罪（第343条第2款a项和第4款至第5款）、暴力侵害上级或者级别较高的其他军人罪（第355条第2款a项）。

5. 任何人实施走私武器罪的预备行为的，构成重罪，处3年以下监禁。

参加犯罪组织罪

第263条 C

1. 任何人唆使、建议或提议、参与、协助实施某一犯罪组织的犯罪活动，或者提供用于实施这类犯罪活动的工具，或者以任何其他形式向犯罪组织的活动提供支持的，构成重罪，处5年以下监禁。

2. 任何参与犯罪组织的人，主动向有权机关供认其尚未被发觉的犯罪行为，并且如实交代犯罪实施的具体情节的，可以免除其刑事责任。

非法使用放射性物质罪

第264条

1. 任何人在未获许可证的情况下生产、获取、持有、分销、加工或者以其他方式使用危及健康或者环境的放射性物质或者产品，或者将其转让给无权利持有之人的，构成重罪，处5年以下监禁。

2. 任何人违反法律规定的义务生产、存储、运输、放置放射性物质的，应当以第1款的规定追究刑事责任。

3. 任何人以犯罪共谋的方式实施第1款和第2款规定的犯罪

行为的，处 2 至 8 年监禁。

4. 任何人过失地实施第 2 款规定的犯罪行为的，构成轻罪，处 2 年以下监禁。

非法运营核设施罪

第 264 条 A

1. 任何人无法定的许可证或者超出许可证的规定运营核设施的，构成重罪，处 5 年以下监禁。

2. 任何人以犯罪共谋的方式实施第 1 款规定的犯罪行为的，处 2 至 8 年监禁。

非法利用核能罪

第 264 条 B

1. 任何人为了获得法定的利用核能的许可证，采取欺骗手段对有权作出决定的机关或者人员进行误导的，构成重罪，处 5 年以下监禁。

2. 任何人不按照法律规定履行其与核能利用有关的报告义务的，处 3 年以下监禁。

非法使用国际条约禁止的武器罪

第 264 条 C

1. 任何人发展、制造、获取、使用、持有国际条约禁止的武器，或者将其转让给不具有相应的许可证的人，或者进口、出口、通过匈牙利领域运输国际条约禁止的武器，或者从事国际条约禁止的武器的非法交易的，构成重罪，处 5 至 15 年监禁。

2. 任何人未获法定的许可而建造或者经营用于生产国际条约禁止的武器的设施，或者超出许可证的范围实施行为，或者将现有的设施改造用于生产国际条约禁止的武器，或者为了使有权机关作出让其经营这些设施的法定授权而欺骗有决定权的机关或者人员的，应当根据第 1 款的规定追究刑事责任。

3. 任何人实施第 1 款和第 2 款规定的行为，具有下列情形之一的，处 10 至 15 年监禁或者终身监禁：

a）作为犯罪共谋的一部分的；

b）构成特别累犯的。

4. 任何人过失地实施第 2 款规定的犯罪行为的，构成轻罪，处 2 年以下监禁。

5. 第 1 款和第 2 款所规定的“国际条约禁止的武器”，是指第 160 条 A 第 3 款所具体列举的武器。

6. 在认定特别累犯时，下列犯罪应当被视为具有类似性质的犯罪：

a）非法使用炸药、爆炸剂罪（第 263 条）、非法使用枪支、弹药罪（第 263 条 A）、走私武器罪（第 263 条 B）；

b）针对某一民族、种族、人种、宗教群体的成员的暴行罪（第 174 条 B 第 2 款 a 项）、以持械方式实施的绑架罪（第 175 条 A 第 2 款 b 项）、非法侵入罪（第 176 条第 2 款 b 项和第 3 款至第 4 款）、制造公共危险罪（第 259 条第 1 至 3 款）、有加重情节的违反国际法义务罪（第 261 条 A 第 3 款）、非法使用放射性物质罪（第 264 条）；

c）非法使用毒品罪（第 282 条至第 283 条）、抢劫罪（第 321 条第 3 款 a 项和第 4 款 b 项至 c 项）、使用炸药或者爆炸剂实施的恶意破坏罪（第 324 条第 4 款 c 项）、擅自使用他人机动车辆罪（第 327 条第 3 款）、军人脱逃罪（第 343 条第 2 款 a 项和第 4 款至第 5 款）、暴力侵害上级或者级别较高的其他军人罪（第 355 条第 2 款 a 项）。

7. 任何人实施非法使用国际条约禁止的武器罪的预备行为的，构成重罪，处 5 年以下监禁。

非法使用毒害性物质罪

第265条

任何人在无许可证的情况下配制、持有、分销毒害性物质，或者疏于采取规定的措施以防止毒害性物质被非法使用或者排除毒害性物质对他人的危险的，构成轻罪，处1年以下监禁、公益劳动或者罚金。

违反有关饲养危险犬类义务罪

第266条

1. 任何人有下列行为之一的，构成轻罪，处2年以下监禁：

a）喂养、进口、出口危险犬类的；

b）以违反法律规定的方式转让或者获取危险犬类的；

c）违反对危险犬类采取去除生殖能力措施的有关法定义务的；

d）违反与持有危险犬类有关的法定安全规定的。

2. 任何人持有或者训练危险犬类用以履行保卫和进攻性任务，和（或者）让危险犬类履行这些任务的，构成轻罪，处3年以下监禁。

3. 第1款和第2款规定的“危险犬类”，是指被法律、基于法律的授权而制定的政府法令或者有权机关的决定宣布具有危险性的犬类。

组织禁止的动物搏斗活动罪

第266条A

1. 任何人参与组织利用脊椎动物进行搏斗活动或者以这些动物搏斗活动为对象的赌博活动的，构成重罪，处3年以下监禁。

2. 任何人喂养、训练、持有、买卖用于上述搏斗目的的脊椎动物的，构成轻罪，处2年以下监禁。

虐待动物罪

第 266 条 B

1. 任何人有下列行为之一的，构成轻罪，处 2 年以下监禁、公益劳动或者罚金：

a）不正当地滥用、虐待脊椎动物，导致该动物健康遭受永久的损害或者死亡的；

b）将家养的哺乳动物或者饲养的危险动物抛弃、逐出、驱赶到人居环境中。

2. 任何人使用《狩猎法》和《渔业法》禁止的工具或者方法，进行猎捕或者捕捞活动，应当根据第 1 款的规定追究刑事责任。

组织被禁止的赌博活动罪

第 267 条

任何人经常组织被禁止的赌博，或者提供用于前述赌博目的的建筑物的，构成轻罪，处 2 年以下监禁、公益劳动或者罚金。对本种犯罪行为，驱逐可以作为附加刑予以适用。

第二节 危害公共安宁罪

煽动违反法律、有权机关的措施罪

第 268 条

任何人以可能扰乱公共安宁的手段，以广为人知的方式煽动对法律、其他法律规定或者有权机关的措施的普遍不服从的，构成重罪，处 3 年以下监禁。

煽动对某一群体的仇恨罪

第 269 条

任何人以广为人知的方式煽动对下列对象的仇恨，构成重罪，处 3 年以下监禁：

a）匈牙利民族；

b）除匈牙利民族之外的任一民族、人种、种族群体或者人的某一群体。

侵犯国家标志罪

第 269 条 A

任何人以广为人知的形式，对国歌、国旗或者匈牙利武装部队的服装进行侮辱、贬损或者实施其他的类似的行为的，如果没有构成更重的其他犯罪的，构成轻罪，处 1 年以下监禁、公益劳动或者罚金。

使用专制统治标志罪①

第 269 条 B

1. 任何人以下列方式之一使用德国纳粹党标志、党卫军标志、箭十字标志、② 锤子镰刀标志、红五角星标志或者绘有上述标志的象征物的，如果没有构成更重的其他犯罪的，构成轻罪，处罚金。

a）散发；

b）以广为人知的方式使用；

c）公开展览。

2. 任何人出于传播知识、教育、科学、艺术的目的或者告知历史、现实的事件的目的，而实施第 1 款规定的行为的，不应当追究刑事责任。

---

① 东欧剧变后，匈牙利的政治体制也发生了变化，译者按照法典原文译出本条文，不代表译者的立场。

② 箭十字党本为 20 世纪 30 年代匈牙利的种族主义运动，仿效德国纳粹党，后来在 1935 年组成其前身“国家希望党”，1939 年改组为箭十字党。在第二次世界大战中被查禁，转为地下活动。该党派鼓吹匈牙利人、德国人与日本人是最强的种族。——译者注

3．第1款和第2款的规定，不适用于各国仍在使用的官方标志。

4．（废止）

散布虚假恐怖信息罪

第270条

任何人在发生紧急事态的地方，发表、传播明知是虚假的陈述，或者对其内容的真伪漠不关心而发表、传播有关陈述，以此危害社会秩序或者扰乱公共安全的，构成重罪，处3年以下监禁。

以造成公共危险为内容的恐吓罪

第270条A

1．任何人在有其他人在场的情况下，宣称以将发生具有公共危险的事件的威胁为内容的、可能扰乱公共安全的虚假事实的，构成轻罪，处2年以下监禁、公益劳动或者罚金。

2．如果以放射性物质威胁为手段实施第1款规定的犯罪行为的，构成重罪，处3年以下监禁。

3．如果以造成公共危险为内容的恐吓行为已经严重地扰乱了公共安全的：对第1款规定的行为，处3年以下监禁；对第2款规定的行为，处5年以下监禁。

暴行罪

第271条

1．任何人实施可能导致他人愤怒或者惊恐的、具有明显的反社会性的暴力行为，如果没有构成更重的其他犯罪的，构成轻罪，处2年以下监禁、公益劳动或者罚金。

2．如果暴行的实施具有下列情形之一的，构成重罪，处3年以下监禁：

a）以集团犯罪的方式实施；

b）严重地扰乱公共安全的。

3．驱逐可以作为本罪的附加刑予以适用。

实施妨害治安行为罪

第 271 条 A

1．任何人针对正在公共事件中维持秩序的治安官员实施暴力或者胁迫，抵制其公务行为，如果没有构成更重的其他犯罪的，构成轻罪，处 2 年以下监禁、公益劳动或者罚金。

2．如果以集团犯罪的方式或者使用武器实施妨害治安行为的，处 3 年以下监禁。

3．永久地禁止从事职业，可以作为附加刑适用于本罪。

4．本条规定的“公共事件”，是指《集会权利法》中规定的事件、对公众不受限制地开放的文化体育事件。

危害公共风化罪

第 272 条

任何人实施严重地违反有关性用品的分销管理规定的行为的，构成轻罪，处 1 年以下监禁、公益劳动或者罚金。

无视法律私自惩治罪

第 273 条

1．任何人出于强制执行其合法的或者声称合法的金钱性请求权的目的，使用暴力、威胁手段强迫他人做某事、不做某事或者容忍某事，构成重罪，处 1 至 5 年监禁。

2．如果所使用的暴力或者威胁属于强制执行请求权时之被许可的手段的，不应以无视法律私自惩治罪论处。

没收

第 273 条 A（废止）

第三节 危害公共信用罪

伪造公文书罪

第 274 条

1. 任何人有下列行为之一的，构成重罪，处 3 年以下监禁：

a）制作虚假的公文书或者对公文书的内容作虚假陈述的；

b）使用假冒的或者伪造的公文书或者以其他人名义签发的公文书的；

c）协助他人将与权利、义务的产生、变更、终止有关的不真实资料、事实、声明写入公文书的。

2. 任何人实施第 1 款 a 项或者 b 项规定的伪造公文书罪之预备行为的，构成轻罪，处 1 年以下监禁、公益劳动或者罚金。

3. 过失地实施第 1 款 c 项规定的伪造公文书行为的，构成轻罪，处罚金。

第 275 条

公务员滥用其公务权力具有下列情形之一的，构成重罪，处 5 年以下监禁：

a）制作虚假的公文书或者对公文书的内容作虚假陈述的；

b）弄虚作假地将重要事实写入公文书的。

使用伪造的私文书罪

第 276 条

任何人使用假冒的、伪造的私文书或者含有不真实内容的私文书，用以证明权利、义务的产生、变更或者终止的，构成轻罪，处 1 年以下监禁、公益劳动或者罚金。

滥用文书罪

第 277 条

1. 任何人非法地获取公文书，或者未经他人同意获取完全不属于或者不专属于自己的文书，或者毁灭、破坏、隐匿上述文书的，构成轻罪，处 2 年以下监禁、公益劳动或者罚金。

2. 任何人出于获取非法利益的目的或者造成非法损害的目的而针对私文书实施第 1 款规定的犯罪行为的，构成轻罪，处 1 年以下监禁、公益劳动或者罚金。

假冒特性识别标志罪

第 277 条 A

1. 任何人有下列行为之一的，构成重罪，处 3 年以下监禁：

a）采取移除或者其他方法假冒特性识别标志的；

b）获取、使用特性识别标志属假冒或者伪造或者特性识别标志已经被移除的物品的。

2. 如果第 1 款规定的犯罪行为具有下列情形之一的，处 5 年以下监禁：

a）以商业化经营的方式实施的；

b）作为犯罪共谋的一部分的。

3.（废止）

提供伪造的统计资料罪

第 278 条

任何人提供不真实的统计资料或者给予与数据提供有关的不真实信息的，构成轻罪，处 1 年以下监禁、公益劳动或者罚金。

第四节 危害公共卫生罪

非法使用供公众消费的有害物品罪

第 279 条

1. 任何人以分销为目的，配制或者保存供公众消费的对健康有害的物品的，构成轻罪，处 1 年以下监禁、公益劳动或者罚金。

2. 任何人分销供公众消费的有害物品的，构成重罪，处 3 年以下监禁。

3. 任何人过失地实施第 2 款规定的犯罪行为的，构成轻罪，处 1 年以下监禁、公益劳动或者罚金。

破坏环境罪

第 280 条

1. 任何人破坏环境或其任一要素，或者违反其法律规定的或者官方决定中规定的义务而实施可能破坏环境或其任一要素的行为的，构成重罪，处 3 年以下监禁。

2. 任何人严重污染环境或其任一要素，或者违反其法律规定的或者官方决定中规定的义务而实施可能严重污染环境或其任一要素的行为的，应当根据第 1 款的规定追究刑事责任。

3. 如果第 1 款规定的犯罪造成的损失数额较大或者可能对环境或其任一要素造成巨大的破坏的，处 5 年以下监禁。

4. 如果犯罪对环境或其任一要素所造成的破坏不可恢复，处 2 至 8 年监禁。

5. 任何人过失地实施损毁环境行为的，构成轻罪，过失地实施第 1 款至第 3 款规定的行为的，处 2 年以下监禁；过失地实施第 4 款规定的行为的，处 3 年以下监禁。

破坏自然罪

第281条

1. 任何人有下列行为之一的，构成重罪，处3年以下监禁：

a）非法地获取、持有、销售、进口、出口、交易、毁灭：

（1）某一有机生物；

（2）以任何形式存在或者处于任一生长阶段的有机生物之下的某一具体种类；

（3）通过不同物种的杂交所产生的某一有机生物；

（4）属于国际条约保护范围或者受特别保护的有机生物的制品的；

b）非法地进行重大改变：

（1）自然保护区；

（2）有机生物之受保护的栖息地；

（3）受保护的洞穴的。

2. 如果犯罪行为的实施具有下列情形之一的，处5年以下监禁：

a）对第1款a项规定的自然界实施的破坏，导致有机生物大规模灭绝的；

b）对第1款b项规定的自然区域实施的破坏，导致自然保护区、生物栖息地或者洞穴遭受不可逆转的破坏或者毁灭的。

非法处置有害环境的废物罪

第281条A

1. 任何人无法定的许可证或者违反法定的或者可执行的官方决定中规定的义务，收集、存储、处理、放置、运输具有下列危险的任何物质，构成重罪，处5年以下监禁：

a）危及人的生命、身体安全、健康；

b）污染水源、空气、土壤或者导致其发生永久的改变；

c）危及动物或者植物的。

2. 任何人无法定的许可证，放置含有爆炸性、易燃性、放射性或者对健康和环境有危险的物质的废物的，应当根据第1款的规定追究刑事责任。

3. 任何人过失地实施第1款和第2款规定的犯罪行为的，构成轻罪，处2年以下监禁。

非法使用毒品罪

第282条

1. 任何人生产、制造、获取、持有、进口、出口毒品，或者运输毒品通过匈牙利领域的，构成重罪，处5年以下监禁。

2. 有下列情形之一的，分别处以下列刑罚：

a）如果犯罪行为以商业化经营的方式实施，或者作为犯罪共谋的一部分而实施，或者利用吸毒成瘾的人实施的，处2至8年监禁；

b）如果犯罪行为针对数量巨大的毒品实施的，处5至10年监禁。

3. 任何人如果尚未构成更重的其他犯罪的，构成重罪，处3年以下监禁：

a）实施第1款规定的任何一种犯罪的预备行为的；

b）生产、提供、分销、出售、进口用于生产、制造毒品的原料、设备和（或者）其配件，或者通过匈牙利领域运输这些物品。

4. 任何人对第1款至第3款规定的犯罪行为的实施提供资金的，应当分别按照各款的规定追究刑事责任。

5. 如果所规定的犯罪行为针对数量较小的毒品实施的，分别处以下列刑罚：

a）如果针对数量较小的毒品实施第1款规定的行为的，构成轻罪，处2年以下监禁；

b）如果针对数量较小的毒品实施第2款a项规定的行为的，构成重罪，处3年以下监禁。

第282条A

1. 任何人提供、供给毒品或者从事毒品的分销、交易、分发的，构成重罪，处2至8年监禁。

2. 如果犯罪行为的实施具有下列情形之一的，处5至10年监禁：

a）作为犯罪共谋的一部分实施的或者利用吸毒成瘾的人实施的；

b）由正在以其官方身份执行公务的公务员实施的；

c）在匈牙利武装部队、执法机构的任何设施中，或者在执行刑罚或者矫正措施的设施中实施的。

3. 如果犯罪行为针对数量巨大的毒品实施的，处5至15年监禁或者终身监禁。

4. 任何人：

a）实施第1款或者第2款规定的犯罪的预备行为的，构成轻罪，处3年以下监禁。

b）实施第3款规定的犯罪的预备行为的，构成重罪，处5年以下监禁。

5. 任何人向第1至4款规定的犯罪行为的实施提供资金的，应当分别按照各款的规定追究刑事责任。

6. 如果犯罪行为针对数量较小的毒品实施的，分别予以下列处罚：

a）针对数量较小的毒品实施第1款规定的行为的，构成轻罪，处2年以下监禁；

b）针对数量较小的毒品实施第2款规定的行为的，构成重罪，处5年以下监禁。

第282条B

1. 年满18周岁的人利用不满18周岁的人，生产、制造、获取、持有、进口、出口毒品或者运输毒品通过匈牙利领域的，构成重罪，处2至8年监禁。

2. 如果犯罪行为的实施具有下列情形之一的，处5至10年监禁：

a）年满18周岁的人向不满18周岁的人提供、供给毒品或者利用不满18周岁的人从事毒品的分销、交易、分发的；

b）在用于教育、公众学习、儿童保护、文化教育活动的建筑物中或者其邻近地区，实施提供、供给毒品或者从事毒品的分销、交易、分发行为的；

c）以犯罪共谋的方式实施第1款规定的犯罪行为的。

3. 如果犯罪行为的实施具有下列情形之一的，处5至15年监禁或者终身监禁：

a）针对数量巨大的毒品实施的；

b）第2款a项或者b项规定的行为，被以犯罪共谋的方式实施或者被正在以其官方身份执行公务的公务员实施的。

4. 任何人实施第1款或者第2款规定的犯罪的预备行为的，构成重罪，处3年以下监禁。

5. 已满18周岁的人帮助或者怂恿不满18周岁的人陷入对尚未列入毒品但具有麻醉作用的物质或者制剂的病理性沉溺状态的，构成重罪，处3年以下监禁。

6. 任何人向第1至5款规定的犯罪行为的实施提供资金的，应当分别按照各款的规定追究刑事责任。

7. 如果犯罪行为针对数量较小的毒品实施的，分别予以下列处罚：

a）针对数量较小的毒品实施第 1 款规定的行为的，构成轻罪，处 2 年以下监禁；

b）针对数量较小的毒品实施第 2 款或者第 3 款 b 项规定的行为的，构成重罪，处 5 年以下监禁。

第 282 条 C

1. 任何吸毒成瘾的人生产、制造、获取、持有、进口、出口毒品或者运输毒品通过匈牙利领域的，构成轻罪，处 2 年以下监禁。

2. 任何吸毒成瘾的人提供、供给毒品或者从事毒品的分销、交易、分发的，构成重罪，处 3 年以下监禁。

3. 如果第 1 款规定的犯罪行为是以商业化经营的方式实施的或者以作为犯罪共谋的一部分的方式实施的，处 3 年以下监禁；如果第 2 款规定的犯罪行为是以商业化经营的方式实施的或者以作为犯罪共谋的一部分的方式实施的，处 5 年以下监禁。

4. 如果针对数量巨大的毒品实施第 1 款规定的犯罪行为的，处 5 年以下监禁；如果针对数量巨大的毒品实施第 2 款规定的犯罪行为的，处 2 至 8 年监禁。

5. 如果吸毒成瘾的人的犯罪行为是针对数量较小的毒品实施的，分别予以下列处罚：

a）针对数量较小的毒品实施第 1 款或者第 2 款规定的行为的，构成轻罪，处 1 年以下监禁、公益劳动或者罚金；

b）针对数量较小的毒品实施第 3 款规定的行为的，构成轻罪，处 2 年以下监禁、公益劳动或者罚金。

第 283 条

1. 基于下列原因非法使用毒品的，不应当追究刑事责任：

a）为了供自己消费而生产、制造、获取、持有数量较小的毒品的（第 282 条第 5 款 a 项）；

b）（废止）

c）（废止）

d）（废止）

e）如果吸毒成瘾的人：

（1）为了供自己消费而生产、制造、获取、持有、进口、出口数量较小的毒品或者运输数量较小的毒品通过匈牙利领域的（第282条C第1款和第5款a项）；

（2）（废止）

f）吸毒成瘾的人实施了与e项第1目规定的犯罪行为相关的、可能判处2年以下监禁的其他犯罪的，如果该行为人能够在一审判决宣告之前提供一份正式证明而证实其已经连续进行了6个月以上的毒瘾治疗或者其已经参加了一个戒除毒瘾计划或者预防会诊服务的。

2.（废止）

非法使用用于制造毒品的物质罪

第283条A

1. 任何人生产、制造、获取、持有、使用、销售、进口、出口为了执行用于非法生产毒品的化学物质的条约而制定的法规条例中所规定的物质或者运输这些物质通过匈牙利领域，或者违反上述法律的规定向其他任何人提供这些物质的，构成重罪，处5年以下监禁。

2. 已经为毒品的生产提供帮助的本罪之行为人，如果在有权机关知悉其行为之前，向有权机关供认其行为，并把所生产、获取、持有、进口的物品移交给有权机关，配合有权机关查找利用其提供的制毒物质生产毒品的人或者使用、出售、过境运输、出口其提供的制毒物质的人的，应当免除其刑事责任。

非法使用用于改善症状的物质或技术罪

第283条B（废止）

违反控制传染病流行的规定罪

第284条

1．任何人违反为了防止应受检疫隔离的传染病的传入或扩散而制定的检疫、流行病学监测和控制规定的，构成轻罪，处1年以下监禁、公益劳动或者罚金。

2．任何人在疾病流行时违反有关隔离、流行病学监测和控制的规定的，构成轻罪，处1年以下监禁、公益劳动或者罚金。

3．任何人违反为了防止动物传染病、毁坏植物的危险害虫的进出口、扩散而制定的检疫规定或者其他禁令或者监管规定的，构成轻罪，处1年以下监禁、公益劳动或者罚金。

非法行医罪

第285条

1．无法定资格的人，出于牟利目的的或者经常从事属于医疗执业范围内的活动的，构成轻罪，处1年以下监禁、公益劳动或者罚金。

2．如果谎称有行医资格而实施非法行医行为的，构成重罪，处3年以下监禁。

3．就本条的规定而言，"有资格从事医疗执业活动的人"，是指在国内大学获得医学学位或者在国外大学获得医学学位并进行了注册登记（如果具备同等的要件）的人，或者依据公共福利部长的许可无须注册登记其学位即可从事医疗活动的外国公民，以上两类人员有资格从事未被禁止的医疗活动。

没收

第286条

对下列犯罪行为不适用第77条A第1款的规定：非法使用

炸药、爆炸剂罪（第263条）、非法使用枪支、弹药罪（第263条A）、走私武器罪（第263条B）、非法使用放射性物质罪（第264条）、非法运营核设施罪（第264条A）、非法使用国际条约禁止的武器罪（第264条C）、非法使用毒害性物质罪（第265条）、违反有关饲养危险犬类义务罪（第266条）、组织禁止的动物搏斗活动罪（第266条A）、虐待动物罪（第266条B）、非法使用供公众消费的有害物品罪（第279条）、非法使用毒品罪（第282条至第283条）和非法使用用于制造毒品的物质罪（第283条A）。

解释性条款

第286条A

1. 就第280条的规定而言：

a）环境的基本要素是指：土地、空气、水源、生物（植物和动物）、人造（人工的）环境以及前述要素的组成部分。

b）污染是指：向环境及其任一要素排放的物质超过法律或者官方决定中规定的排放标准。

c）破坏是指：在其影响下，对环境及其任一要素的改变、污染、利用达到只有采取干预措施才能恢复到该环境及其任一要素的自然状态或者行为前的状态或者根本无法恢复程度的任何活动，或者影响生物舒适性的任何活动。

2.（废止）

3. 第283条A规定的“用于非法生产毒品的化学物质”，是指为了执行《维也纳条约》（由联合国主持，签署于1988年12月20日的，本国以1998年第50号法案颁布，内容是禁止非法贩运麻醉药品、精神药物和对可用于非法生产、制造麻醉药品和精神药物的化学物质的相关活动进行管制）第12条而制定的法律条例所规定的物质。

第十七章　破坏经济罪

第一节　侵害经济义务与经济秩序罪

违反与受国际管制的产品、技术交易有关的义务罪

第 287 条

1. 任何人在无国际进口许可证、出口许可证或者代替许可证的文书的情况下，从事受国际管制的产品、技术的交易活动的，构成重罪，处 5 年以下监禁。

2. 最终用户违反最终收件人和购买人声明，以不同于国际进口许可证规定的方式使用国际管制的产品或者技术的，也应当根据第 1 款的规定追究刑事责任。

获取非法的经济资助罪

第 288 条

1. 任何人采取进行虚假的宣誓，使用虚假、假冒或者伪造的文书或者工具获取下列财政资助——

a）依法从中央预算、地方当局预算或者源自拨款的政府基金中拨付的财政资助；

b）外国国家或者国际组织出于特定目的提供的财政资助或者任何其他经济利益的，构成重罪，处 5 年以下监禁。

2. 任何人将财经资助用于非指定用途且不偿还这些资助，或者在履行该项财政资助所规定的会计和报告义务时作虚假的陈述或者使用虚假、变造或者伪造的文书或者工具的，应当根据第 1 款的规定追究刑事责任。

解释性条款

第 288 条 A

第 288 条规定的“外国国家或者国际组织提供的财政资助”，应当包括由匈牙利行政机关或者金融机构代表外国国家或者国际组织进行管理的基金。如果犯罪行为牵涉由欧盟或者代表欧盟进行管理的基金所提供的资助，或者支付由欧盟或者代表欧盟进行管理的基金所进行的，不适用第 288 条的规定。

违反会计规则罪

第 289 条

1. 任何人有下列行为之一的，构成轻罪，处 2 年以下监禁、公益劳动或者罚金：

a）违反关于年度报告、账目记载或者审计的义务；

b）违反《会计法》或者基于其授权而制定的法律规章所规定的证明文件制度，并因上述行为妨碍了其财政状况的透明度或者对其所进行的监督的。

2. 任何私人企业经营人违反法定的有关账目记载或者证明文件的义务，并因此妨碍了其财政状况的透明度或者对其所进行的监督的，应当根据第 1 款的规定追究刑事责任。

3. 如果第 1 款规定的行为有下列情形之一的，处 3 年以下监禁：

a）导致对所属财政年度进行检查的真实性和符合规定性产生损害的差错，或者歪曲利润数额、自有资本的数额或者资产负债表的总额；

b）妨碍了对所属的财政年度的财政状况的透明度或者对其所进行的监督的。

4. 如果前述犯罪发生于金融机构、保险机构或者投资公司中的，本条第 1 款所规定的行为，构成重罪，处 3 年以下监禁；

本条第 3 款所规定的行为，构成重罪，处 5 年以下监禁。

破产欺诈罪

第 290 条

1. 任何人在其经济活动范围内出现无力清偿债务的情况时，有下列行为之一的，且该行为全部或部分地妨碍了对其债权人债权的偿付的，构成重罪，处 5 年以下监禁：

a）隐藏、秘而不宣、破坏、毁灭用于偿付债务的财产或者使之陷入不能使用状态的；

b）进行虚假的交易或者承认存在合法性瑕疵的权利请求；

c）以违反合理经营管理所要求的必要条件的方式，开始或者继续实施产生亏损的业务的；

d）以违反合理经济行为所要求的必要条件的方式，实际或者虚假地减少其财产的。

2. 如果第 1 款规定的行为对经济生活造成严重后果的，处 2 至 8 年监禁。

3. 任何人以第 1 款规定的行为方式致使自己陷入真实的或者虚假的无力偿付债务状态，并因此全部或者部分地妨碍了对其债权人债权的偿付的，构成重罪，处 5 年以下监禁。

4. 如果第 3 款规定的行为对经济生活造成严重后果的，处 2 至 8 年监禁。

5. 任何人在执行清算决定时，不履行其报告、准备财产目录义务或者提供法定信息的其他义务，并因此全部或者部分地妨碍了清算效果的实现的，构成轻罪，处 3 年以下监禁。

6. 行为人实施第 1 款至第 5 款规定的行为，使本不应当启动的破产程序或者清算程序已经启动，或者在其无力偿付债务请求时应当启动破产程序或者清算程序但却不能启动的，应当追究刑事责任。

非法优先偿付部分债权人罪

第 291 条

1. 任何人在明知自己陷入无力清偿债务状态的情况下，对多个债权人中的部分人非法地予以优先偿付，从而损害其他债权人利益的，构成轻罪，处 2 年以下监禁。

2. 行为人实施第 1 款规定的行为，使本不应当启动的破产程序或者清算程序已经启动，或者在其无力偿付债务请求时应当启动破产程序或者清算程序但却不能启动的，应当根据第 1 款的规定追究刑事责任。

解释性条款

第 291 条 A

1. 有权对某一经济组织（债务人）的全部或者部分财产进行处分的人，在该经济组织出现无力清偿债务的情况时，减少该经济组织（债务人）的财产，妨碍对经济组织（债务人）的某一债权人进行偿付的，可以对其按照第 290 条和第 291 条规定的犯罪论处。

2. 如果作为财产处分基础的法律行为无效的，也应当适用第 1 款的规定。

销售劣质产品罪

第 292 条

1. 任何人将伪劣产品（即使这些产品曾经质量合格也不例外）出售、转让以供使用或者将其投放市场，或者以实施以上行为为目的采取各种措施的，构成重罪，处 3 年以下监禁。

2. 任何人出于过失实施本罪之犯罪行为的，构成轻罪，处 1 年以下监禁、公益劳动或者罚金。

3. 任何人实施第 1 款规定的将伪劣产品（即使这些产品曾经质量合格也不例外）出售、转让以供使用或者将其投放市场行为之预备行为的，构成轻罪，处 1 年以下监禁、公益劳动或者罚金。

第 293 条

任何人违反有关质量认定的规定，使得其产品能以超出其实际质量情况被出售、转让以供使用或者将其投放市场的，构成重罪，处 3 年以下监禁。

第 294 条

1. 对执行强制适用的国家标准的产品而言，如果其不能达到国家标准的最低质量要求的，应视为劣质产品。

2. 除第 1 款规定的情况外，不能用于设计目的的产品或者使用价值已经大大降低的产品，属于劣质产品。

虚假宣称产品质量罪

第 295 条

1. 任何人在证明质量的文书中，对数量或者价值较大的商品的质量以不真实的资料进行宣称的，构成重罪，处 3 年以下监禁。

2. 任何人过失地实施前款规定行为的，构成轻罪，处 1 年以下监禁、公益劳动或者罚金。

生产假冒产品罪

第 296 条

任何人未经竞争者同意，在生产的产品上使用其竞争者所使用的、能据以识别竞争者及其具有明显特征的产品的，明显特征的外观、包装、标签、名称，或者出于投放市场的目的而获取这些产品的，构成重罪，处 3 年以下监禁。

消费诈欺罪

第 296 条 A

1. 任何人为了使某一商品更容易被他人购买，对商品的基本特征公开宣称虚假情况或者以容易使人上当的方法宣称真实情况，或者对商品的基本特征提供容易使人上当的信息的，构成轻罪，处2年以下监禁、公益劳动或者罚金。

2. 第1款规定的“商品的基本特征”包括：成分、性能、对健康和环境的影响；商品的处理方法、来源是否符合有关的法律规定、国家标准或者通常要求；在与通常场合有重大不同的场合使用该商品时所需要满足的条件。

3. 针对商品购买行为所承诺的得到奖励或者其他有利结果的机会，也应当视为第1款中规定的“商品的基本特征”。

不偿付债务罪

第297条

1. 任何人撤回用以偿付产生于经济活动的债务的财产，并因此妨碍该债务的全部或者部分偿付的，构成重罪，处5年以下监禁。

2. 如果行为人在被起诉之前偿付了债务的，不应当追究刑事责任。

信用诈骗罪

第297条A

任何人为了使其所从事经济活动时获得的信用的期间被延长或者变更信用条件，而使用含有不真实内容的文书以便在对延长、终止该信用期间或者变更其信用条件进行审查时获得对其有利的判断的，构成重罪，处3年以下监禁。

未获许可从事外贸活动罪

第298条

任何人在无许可证的情况下从事应当获得许可证才能从事的外贸活动，或者在无出口许可证或者进口许可证的情况下出口或者进口商品的，构成重罪，处3年以下监禁。

商业组织或者合伙的高级雇员实施非法行为罪

第 298 条 A

商业组织或者合伙的高级雇员或者被授权行使经营管理权力的成员，对该商业组织或者合伙的成员进行欺骗以获取商业组织或者合伙的财产的，如果没有构成更重的其他犯罪的，构成轻罪，处 2 年以下监禁、公益劳动或者罚金。

抽逃注册资本、基础资本罪

第 298 条 B

有限责任公司或者股份有限公司的高级官员部分或者全部地抽逃注册资本或者基础资本的，构成重罪，处 3 年以下监禁。

虚假出资罪

第 298 条 C

1. 任何人在根据商业组织的组织章程向该商业组织出资时，高于出资时该财产的通常价值或者超出审计师的对其所作的估价（如果该非现金出资曾经被审计师估价过）确定其非现金出资的价值数额的，构成重罪，处 3 年以下监禁。

2. 根据商业组织的组织章程使用属于国家预算次级体系的财产、国家或地方政府所有的财产向该商业组织出资时，任何人低于审计师的估价确定属于上述财产的非现金出资的价值数额的，应当根据第 1 款的规定追究刑事责任。

擅自从事金融服务活动罪

第 298 条 D

任何人在未获得法定的许可证的情况下，从事金融服务或者补充性金融服务的，构成重罪，处 1 至 5 年监禁。

擅自从事投资服务活动罪

第 298 条 E

任何人在未获得法定的许可证的情况下，从事投资服务或者补充性投资服务的，构成重罪，处1至5年监禁。

擅自从事保险活动罪

第298条F

任何人在未获得法定的许可证的情况下，从事保险业务活动的，构成轻罪，处2年以下监禁、公益劳动或者罚金。

不提供经济资料罪

第299条

任何人在法律规定了报告义务的情况下，未报告有关经济活动的真实资料、权利或者事实以登记注册，或者在资料、权利或者事实出现变动时未进行报告的，构成轻罪，处2年以下监禁、公益劳动或者罚金。

证券内幕交易罪

第299条A

1. 任何人以获取利益为目的，利用内幕消息进行证券交易的，构成重罪，处3年以下监禁。

2. 任何知悉内幕信息的人以获取利益为目的，委托他人进行受该内幕信息影响的证券交易的，应当根据第1款的规定追究刑事责任。

3. 第1款和第2款规定的“内幕信息”是指尚未公开但如果公开可能对证券的价值、价格产生重要影响的下列信息：有关公开发行证券的发行人的财政、经济、法律状况的信息；有关对公开发行证券的发行人的债务承担保证或者担保责任的财政、经济、法律状况的信息；有关证券的承销人的财政、经济、法律状况的信息。

资本投资诈骗罪

第299条B

任何人以传播、谣传不真实的资料或者隐瞒有关某一经济组织的财政状况的资料，以此诱导他人进行资本投资或者增加投资的，构成重罪，处3年以下监禁。

组织金字塔式诈骗组织罪

第299条C

任何人以预先确定的形式、方法组织以收集、分配他人的金钱为基础的包含风险因素的非法活动，在这一非法活动中，以形似链条方式加入这一活动的参加者直接地或者通过这一组织向在此链条上的前一参加者支付现金或者提供其他服务，行为人的上述行为构成重罪，处3年以下监禁。

侵犯商业秘密罪

第300条

1. 任何人以牟利或者给他人造成损失为目的，非法地获取、使用、公开他人的商业秘密的，构成重罪，处3年以下监禁。

2. 第1款规定的“商业秘密”，是指权利人已经对之采取了保密措施的，如果被未获授权的人公开、获得、使用将会损害或者危及权利人合法的金融、经济、市场利益的，与经济活动有关的任何行为、信息、解决问题的方案或者资料。

侵犯银行秘密罪

第300条A

1. 有义务保守银行秘密的人，让无法律资格的人获悉属于银行秘密的资料的，构成轻罪，处2年以下监禁、公益劳动或者罚金。

2. 如果犯罪行为的实施具有下列情形之一的，构成重罪，处3年以下监禁：

a）为了获取非法利益；

b）对金融机构或者第三人造成损害的。

第 300 条 B

行为人出于下列原因实施前述侵犯商业秘密或者银行秘密的行为的，不承担刑事责任：

a）在执行有关公共信息披露的专门法律之过程中传递信息，或者为了公共利益而使他人知悉信息的；

b）传递《预防与惩治洗钱法》所规定的报告义务所指的信息，或者开始履行这一报告义务（即使事后证实其出于诚心所提出的报告没有根据也不例外）。

破坏计算机系统、计算机数据罪

第 300 条 C

1．任何人以破坏或者欺骗计算机防护系统或者设施之完整性的手段，获取某一计算机系统或者网络未被许可的进入权，或者使用户的拒绝泄露内情权无效或者侵害这种权利的，构成轻罪，处 1 年以下监禁、公益劳动或者罚金。

2．任何人有下列行为之一的，构成轻罪，处 2 年以下监禁，公益劳动或者罚金：

a）未经许可擅自对在计算机系统或者网络中存储、处理、传输的数据进行修改、破坏、删除，或者拒绝合法用户进入的；

b）未经许可擅自添加、传输、修改、破坏、删除数据或者以其他任何方式干扰计算机系统或者网络的使用的。

3．任何人出于牟取经济收入或者其他经济利益有下列行为之一的，构成重罪，处 3 年以下监禁：

a）未经许可擅自对在计算机系统或者网络中存储、处理、传输的数据进行修改、破坏、删除，或者拒绝合法用户进入的；

b）未经许可擅自添加、传输、修改、破坏、删除数据或者以其他任何方式干扰计算机系统或者网络的使用的。

4．第 3 款规定的犯罪行为具有下列情形的，应当予以下列处罚：

a）如果造成数额较大的损失的，处1至5年监禁；

b）如果造成数额巨大的损失的，处2至8年监禁；

c）如果造成数额极其巨大的损失的，处5至10年监禁。

侵害证券秘密罪

第300条D

1. 负有保守证券秘密义务的人让第三人获悉已被宣布为证券秘密的资料的，构成轻罪，处2年以下监禁、公益劳动或者罚金。

2. 如果犯罪的实施具有下列情形之一的，构成重罪，处3年以下监禁：

a）以非法获取利益为目的的；

b）对投资服务提供人、股票交易或者清算所或者他人造成损害的。

3. 出于下列原因披露证券秘密的人，不应当追究刑事责任：

a）在执行有关公共信息披露的专门法律之过程中传递信息，或者为了公共利益而使他人知悉信息的；

b）传递《预防与惩治洗钱法》所规定的报告义务所指的信息，或者开始履行这一报告义务（即使事后证实其出于诚心所提出的报告没有根据也不例外）。

修改、欺骗计算机的防护系统或设备罪

第300条E

1. 任何人出于实施第300条C规定的犯罪活动的目的，有下列行为之一的，构成轻罪，处2年以下监禁、公益劳动或者罚金：

a）制作；

b）获取；

c）传播、交易或者以其他方式得到计算机软件、口令、进入密码或者其他用于进入计算机系统或者网络的数据。

2. 任何人出于实施第 300 条 C 规定的犯罪活动的目的，向他人传播其经济的、技术的和（或者）组织的专业知识用以制作计算机软件、口令、进入密码或者其他用于进入计算机系统或者网络的数据的，应当根据第 1 款的规定追究刑事责任。

3. 对第 1 款 a 项规定的行为，如果行为人在有权机关通过自身的努力知悉其犯罪行为之前，主动地向有权机关供认其参与了制作计算机软件、口令、进入密码或者其他用于进入计算机系统或者网络的数据，把所制作的这类物品交给有权机关，并且协助有权机关确认其他参与人的，不应当追究刑事责任。

解释性条款

第 300 条 F

第 300 条 C 和第 300 条 E 规定的“计算机系统”，是指用于自动处理、管理、存储或者传输数据的设备或者设备集成。

牟取暴利罪

第 301 条

1. 任何人要求、规定、接受高于官方定价或者以其他方式对其商品确定的强制性定价的，构成轻罪，处 2 年以下监禁、公益劳动或者罚金。

2. 如果牟取暴利犯罪行为的实施具有下列情形之一，构成重罪，处 5 年以下监禁：

a）以商业化经营的方式实施的；

b）作为犯罪共谋的一部分的；

c）商品的数量较大的；

d）获取数额巨大的利润的。

3. （废止）

4．任何人过失实施本罪的犯罪行为的，构成轻罪，处罚金。

第 302 条

如果对某一商品要求、规定、接受与比其实际质量更高的商品的相同的官方定价的，也应当视为第 301 条第 1 款规定的牟取暴利罪追究刑事责任。

洗钱罪

第 303 条

1．任何人在其商业活动中使用能判处监禁的犯罪活动的所得财产，和（或者）为了隐瞒其真实来源而对这些财产进行金融或银行交易的，构成重罪，处 5 年以下监禁。

2．如果洗钱行为的实施具有下列情形之一的，处 2 至 8 年监禁：

a）以商业化经营的方式实施的；

b）洗钱数额巨大；

c）由金融机构、投资公司、投资基金经营者、票据交换机构、保险机构或者从事博彩经营的机构的官员或者雇员实施的；

d）由公务员实施的；

e）由律师实施的。

3．任何人协助他人实施洗钱行为的，构成轻罪，处 2 年以下监禁。

4．如果行为人在其行为尚未被发现或者仅被部分发现之时，向有权机关主动地报告或者就尚未被发现的新的事实进行报告的，不应当追究刑事责任。

5．第 1 款规定的“财产”也应当包括以金融工具代表权利的、允许持票人获得其所代表价值的证券与允许证券账户拥有人获得其所代表价值的无实物证券。

第303条A

1. 任何人使用从他人实施的犯罪活动中所获得的财产，具有下列情形之一的，构成轻罪，处2年以下监禁、公益劳动或者罚金：

a）在其商业活动中实施的；

b）和（或者）就这些财产进行金融或者银行交易的，但实施上述行为时其主观上因为过失而不了解这些财产的来源的。

2. 如果第1款规定的行为具有下列情形之一的，构成轻罪，处3年以下监禁：

a）所涉财产的价值数额巨大或者比之更多的；

b）由金融机构、投资公司、投资基金经营者、票据交换机构、保险机构或者从事博彩经营的机构的官员或者雇员实施的；

c）由公务员实施的。

不履行有关洗钱犯罪的报告义务罪

第303条B

1. 任何人未履行《预防与惩治洗钱法》规定的报告义务的，构成重罪，处3年以下监禁。

2. 任何人由于过失未履行第1款规定的报告义务的，构成轻罪，处2年以下监禁、公益劳动或者罚金。

第二节　伪造货币与邮票罪

伪造货币罪

第304条

1. 任何人有以下行为之一的，构成重罪，处2至8年监禁：

a）以流通为目的复制或者伪造货币的；

b）以流通为目的获取变造的或者伪造的货币，出口、进口或者通过本国领域运输这些货币的；

c）流通变造的或者伪造的货币的，构成重罪，处2至8年监禁。

2. 如果伪造货币犯罪行为的实施具有下列情形之一的，处5至10年监禁：

a）伪造货币数额巨大或者比之更多的；

b）以犯罪共谋的方式实施的。

3. 如果伪造的是硬币或者伪造的货币数量较少或价值未达到数额巨大标准的，处5年以下监禁。

4. 任何人实施伪造货币罪的预备行为的，构成轻罪，处2年以下监禁、公益劳动或者罚金。

帮助实施伪造货币行为罪

第304条A

任何人制造、获取、持有、传播、买卖用于伪造货币的任何原料、工具、设备或者计算机软件的，构成轻罪，处2年以下监禁、公益劳动或者罚金。

第305条

就第304条的规定而言：

a）对退出流通的货币进行变造使其看起来具有仍然在流通的货币外表的，应当视为伪造货币；

b）附加或者去除用以表明货币仅在特定国家有效的标志，或者减少货币的贵重金属含量的，也应当视为伪造货币。

流通假币罪

第306条

1. 任何人将合法途径获得的变造的或者伪造的货币，作为真实的或者非伪造的货币予以流通的，构成轻罪，处1年以下监禁、公益劳动或者罚金。

2．如果犯罪行为所涉及的货币数额巨大或者比之更多的，构成重罪，处3年以下监禁。

伪造邮票罪

第307条

1．任何人出于流通或者使用的目的，有下列行为之一的，构成重罪，处3年以下监禁：

a）变造或者伪造邮票的；

b）获取变造的或者伪造的邮票的，构成重罪，处3年以下监禁。

2．任何人将变造的、伪造的邮票作为真实的、非伪造的邮票予以流通或者使用的，也应当根据第1款的规定追究刑事责任。

3．如果伪造邮票的行为具有下列情形之一，处5年以下监禁：

a）所伪造的邮票价值数额巨大或者比之更多的；

b）以犯罪共谋的方式实施的。

4．如果伪造的邮票数量较少或价值未达到数额巨大标准的，构成轻罪，处1年以下监禁、公益劳动或者罚金。

第308条

1．第307条规定的“流通”也应当包括出于集邮目的实施的流通在内；“伪造”也应当包括出于集邮目的而对邮票进行非法的变更的。

2．对外国邮票，应当给予与本国邮票同等的保护。

第三节　破坏金融罪

外汇犯罪

第 309 条（废止）

有关税收和社会保障的诈骗罪

第 310 条

1．任何人向有权机关就用以确定税收责任、社会保险缴费、意外保险缴费、健康保险缴费、养老金缴费、私人养老金基金会员费用的有关事实（资料）作不真实的陈述或者予以隐瞒，或者对用以确定向私人养老金基金缴纳的上述费用的有关事实（资料）作不真实的陈述或者予以隐瞒，或者实施其他的欺骗行为，并因以上行为导致税收、社会保险缴费、意外保险缴费、健康保险缴费、养老金缴费、私人养老金基金会员费用的收入减少的，构成轻罪，处 2 年以下监禁、公益劳动或者罚金。

2．如果犯罪行为造成税收、社会保险缴费、意外保险缴费、健康保险缴费、养老金缴费、私人养老金基金会员费用的收入减少，数额较大的，构成重罪，处 3 年以下监禁。

3．如果犯罪行为造成税收、社会保险缴费、意外保险缴费、健康保险缴费、养老金缴费、私人养老金基金会员费用的收入减少，数额巨大的，处 1 至 5 年监禁。

4．如果犯罪行为的实施具有下列情形之一的，处 2 至 8 年监禁：

a）如果犯罪行为造成税收、社会保险缴费、意外保险缴费、健康保险缴费、养老金缴费、私人养老金基金会员费用的收入减少，数额特别巨大或者比之更高的。

b）（废止）

5. 任何人出于不支付已被确定的税收、社会保险缴费、意外保险缴费、健康保险缴费、养老金缴费、私人养老金基金会员费用的目的，对有权机关进行欺骗，严重地延误或者妨碍对税收、社会保险缴费、意外保险缴费、健康保险缴费、养老金缴费、私人养老金基金会员费用的征收的，应当分别按照第 1 款至第 4 款的规定追究刑事责任。

6. 如果第 1 款规定的犯罪的行为人在被起诉之前，清偿所欠的税款、社会保险费、意外保险费、健康保险费、养老金费、私人养老金基金会员费的，不应当追究刑事责任。

违反劳动力市场基金缴费义务罪

第 310 条 A

1. 任何人向有权机关就用以确定雇主或者雇员应当缴纳的劳动力市场基金费、康复和职业培训费的有关事实（资料）作不真实的陈述或者予以隐瞒，或者实施任何其他的欺骗行为，因此导致雇主或者雇员应当缴纳的劳动力市场基金费、康复和职业培训费的收入减少的，构成轻罪，处 1 年以下监禁、公益劳动或者罚金。

2. 如果犯罪行为造成雇主或者雇员应当缴纳的劳动力市场基金费、康复和职业培训费的收入减少，数额较大的，构成重罪，处 3 年以下监禁。

3. 如果犯罪行为造成雇主或者雇员应当缴纳的劳动力市场基金费、康复和职业培训费的收入减少，数额特别巨大或者比之更高的，处 5 年以下监禁。

4. 出于不支付已被确定的雇主或者雇员应当缴纳的劳动力市场基金费、康复和职业培训费的目的，对有权机关进行欺骗，严重地延误或者妨碍对雇主或者雇员应当缴纳的劳动力市场基金费、康复和职业培训费的征收的，应当分别按照第 1 款至第 3 款的规定追究刑事责任。

5. 如果第 1 款规定的犯罪的行为人在被起诉之前，清偿所欠的雇主或者雇员应当缴纳的劳动力市场基金费、康复和职业培训费的，不应当追究刑事责任。

违反社会保障、健康保险、养老基金缴费义务罪

第 310 条 B

1. 任何雇主因其自身的原因不缴纳从保险受益人的薪金总额中扣除的健康保险缴费、养老金缴费或者私人养老金基金会员费用的，构成轻罪，处 1 年以下监禁、公益劳动或者罚金。

2. 任何雇主或者其他机构、私人企业主、商业组织或者合伙，因其自身的原因不支付社会保险缴费、意外保险缴费、健康保险缴费、养老金缴费的，应当按照第 1 款的规定追究刑事责任。

3. 如果未支付的社会保险缴费、意外保险缴费、健康保险缴费、养老金缴费或者私人养老金基金会员费达到数额巨大标准的，构成重罪，处 3 年以下监禁；如果未支付的社会保险缴费、意外保险缴费、健康保险缴费、养老金缴费或者私人养老金基金会员费达到数额特别巨大标准或者比之更多的，处 5 年以下监禁。

4. 如果行为人在被起诉之前，清偿所欠的雇主或者雇员应当缴纳的费用、社会保险缴费、意外保险缴费、健康保险缴费、养老金缴费或者私人养老金基金会员费的，不应当追究刑事责任。

5. 如果负有支付义务的主体不是自然人的，可以将根据授权有责任支付这类费用的人作为第 1 款至第 3 款规定的犯罪行为的行为人追究刑事责任。

妨害消费税罪

第 311 条

1. 任何人未按照《消费税和消费税应税商品交易特别管理法》及根据该法的授权而制定的其他立法的规定生产、获取、储存、出售、交易消费税应税商品，或者在未获得官方许可的情况下生产、获取、储存、出售、交易消费税应税商品，并因此造成消费税收入损失，数额较小的，构成轻罪，处 2 年以下监禁、公益劳动或者罚金。

2. 如果妨害消费税犯罪行为的实施具有下列情形之一的，处 3 年以下监禁：

a）造成税收收入损失，数额较大的；

b）和（或者）以商业化经营的方式实施第 1 款规定的不法行为的。

3. 如果妨害消费税犯罪行为的实施具有下列情形之一的，处 1 至 5 年的监禁：

a）造成税收收入损失，数额巨大的；

b）和（或者）以商业化经营的方式实施第 2 款 a 项规定的不法行为的。

4. 如果妨害消费税犯罪行为的实施具有下列情形之一的，处 2 至 8 年监禁：

a）造成税收收入损失，数额特别巨大的；

b）和（或者）以商业化经营的方式实施第 3 款 a 项规定的不法行为的。

5. 如果妨害消费税犯罪行为的实施具有下列情形之一的，处 5 至 10 年监禁：

a）造成税收收入损失，数额极其巨大的；

b）和（或者）以商业化经营的方式实施第 4 款 a 项规定的

不法行为的。

非法交易偷逃消费税应税商品罪

第 311 条 A

1. 任何人接受、储存、使用、投入市场、买卖任何偷逃消费税的应税商品的，构成轻罪，处 2 年以下监禁、公益劳动或者罚金。

2. 如果犯罪行为的实施具有下列情形之一的，处 3 年以下监禁：

a）犯罪行为所涉的消费税应税商品的价值数额较大的；

b）以商业化经营的方式实施第 1 款规定的非法行为的。

3. 如果犯罪行为的实施具有下列情形之一的，处 1 至 5 年监禁：

a）犯罪行为所涉及的消费税应税商品的价值数额巨大的；

b）以商业化经营的方式实施第 2 款 a 项规定的非法行为的。

4. 如果犯罪行为的实施具有下列情形之一的，处 2 至 8 年监禁：

a）犯罪行为所涉及的消费税应税商品的价值数额特别巨大或者更多的；

b）以商业化经营的方式实施第 3 款 a 项规定的非法行为的。

5.（废止）

6. 本条规定的“消费税应税商品的价值”应当根据合法生产的消费税应税商品的价值来确定。

协力危害消费税犯罪行为罪

第 311 条 B

1. 任何人未获授权或者违反法律规定，制造、获取、储存、出售意图用于生产、制造《消费税和消费税应税商品交易特别管理法》及根据该法的授权而制定的其他立法规定的消费税应税商品的任何设备、技术、工具和（或者）物资，和（或者）以出售为目的制造、获取、储存消费税税印的，构成轻罪，处2年以下监禁、公益劳动或者罚金。

2. 如果犯罪行为的实施具有下列情形之一的，处3年以下监禁：

a）以商业化经营的方式实施前款的非法行为的；

b）如果犯罪行为所涉及的物资和（或者）消费税税印的数量较大的；

c）如果犯罪行为所涉及的消费税税印的价值数额较大或者巨大的。

走私、接受走私货物罪

第312条

1. 任何人有下列行为之一的，构成轻罪，处1年以下监禁，公益劳动或者罚金：

a）就应税货物逃避海关监管，或者向有权机关就用以确定关税或者海关保税的有关情况作不真实的申报（走私）；

b）为了牟取经济利益而获取、隐藏、协助转让走私的应税货物的（接受走私货物），构成轻罪，处1年以下监禁、公益劳动或者罚金。

2. 如果犯罪行为的实施具有下列情形之一的，构成重罪，处3年以下监禁：

a）以商业化经营的方式实施的；

b）属于犯罪共谋的一部分的；

c）应税货物的价值数额巨大的；

d）针对文物实施的。

3. 如果犯罪行为的实施具有下列情形之一的，处5年以下监禁：

a）应税货物的价值数额特别巨大的；

b）应税货物的价值数额巨大，但以商业化经营的方式实施或者属于犯罪共谋的一部分的。

4. 如果犯罪行为的实施具有下列情形之一的，处2至8年监禁：

a）应税货物的价值数额极其巨大的；

b）应税货物的价值数额特别巨大，但以商业化经营的方式实施或者属于犯罪共谋的一部分的。

c）（废止）

5. 对第1款至第4款而言：

a）“关税货物”应当理解为1992年10月12日以第2913/92号欧洲共同体理事会规则制定的《欧洲共同体关税法典》第4条第8款规定的非欧洲共同体成员国的货物；

b）“海关税费”应当理解为1992年10月12日以第2913/92号欧洲共同体理事会规则制定的《欧洲共同体关税法典》第4条第9款规定的关税义务与本国制定的《关于执行欧洲共同体关税法典的法案》（2003年第126号法案）第1条第3款第12项规定的非欧洲共同体税收和费用。

使用无足额资金保证的银行卡罪

第312条A（废止）

非法使用支票罪

第313条（废止）

伪造汇票罪

第313条A（废止）

伪造非现金支付工具罪

第313条B

1. 任何人以使用为目的，无根据地制作非现金支付工具或者制作伪造的非现金支付工具的，构成轻罪，处2年以下监禁、公益劳动或者罚金。

2．任何人针对企业为了支付其商品或者服务而发行的磁卡，实施前款规定的伪造非现金支付工具行为的，应当根据第1款的规定追究刑事责任。

3．任何人实施伪造非现金支付工具犯罪的预备行为的，构成轻罪，处罚金。

非现金支付工具诈骗罪

第313条C

1．任何人有下列行为之一的，构成非现金支付工具诈骗罪：

a）为了牟取非法利益，使用假冒或者伪造的非现金支付工具的；

b）无正当的授权使用非现金支付工具的；

c）接受变造或者伪造的非现金支付工具或者无正当授权而使用的非现金支付工具的支付，因此造成损失的。

2．如果实施非现金支付工具诈骗犯罪行为造成的损失数额较小，或者虽然损失数额未达到数额较小标准但同时具有下列情形之一的，构成轻罪，处2年以下监禁、公益劳动或者罚金：

a）作为犯罪共谋的一部分的；

b）以商业化经营的方式实施的。

3．如果非现金支付工具诈骗犯罪行为的实施具有下列情形之一，构成重罪，处3年以下监禁：

a）造成的损失数额较大的；

b）造成的损失数额较小，但以第2款a项或者b项规定方式实施的。

4．如果非现金支付工具诈骗犯罪行为的实施具有下列情形之一，处5年以下监禁：

a）造成的损失数额巨大的；

b）造成的损失数额较大的，但以第2款a项或者b项规定方式实施的。

5. 如果非现金支付工具诈骗犯罪行为的实施具有下列情形之一，处2至8年监禁：

a）造成的损失数额特别巨大的；

b）造成的损失数额巨大的，但以第2款a项或者b项规定方式实施的。

6. 如果非现金支付工具诈骗犯罪行为的实施具有下列情形之一，处5至10年监禁：

a）造成的损失数额极其巨大的；

b）造成的损失数额特别巨大的，但以第2款a项或者b项规定方式实施的。

7. 任何人有下列行为之一的，如果没有同时构成其他犯罪的，构成轻罪，处1年以下监禁、公益劳动或者罚金：

a）未经他人同意非法获取不属于自己的或者不单独属于自己的非现金支付工具的；

b）提供、获取、出口、进口变造或者伪造的非现金支付工具或者以a项规定的方式获取的非现金支付工具。

8. 任何人针对企业为了支付其商品或者服务而发行的磁卡，实施非现金支付工具诈骗行为的，应当根据第2款至第7款的规定追究刑事责任。

帮助实施伪造非现金支付工具行为罪

第313条D

任何人生产、获取、持有、提供、买卖用于伪造非现金支付工具的原料、方法、设备或者计算机程序的，构成轻罪，处1年以下监禁、公益劳动或者罚金。

解释性条款

第313条E

第313条B至第313条D中规定的“非现金支付工具”，是指包含有防止复制、伪造、无授权使用的安全措施的旅行支票、汇票或者其他专门的立法中规定的非现金支付工具。对在其他国家发行的非现金支付工具，应当给予与在本国领域内发行的非现金支付工具同等的保护。

第四节 其他犯罪

侵害欧盟财政利益罪

第314条

1．任何人针对欧盟的下列财政利益，以采取进行虚假的宣誓，使用虚假、变造或者伪造的文书或者工具的方式，或者不履行指定的提供信息的义务、不提供充分的信息或者提供欺骗性的信息的，构成重罪，处5年以下监禁：

a）由欧盟管理或者代表欧盟管理的基金提供的援助；

b）由欧盟管理或者代表欧盟管理的基金支付的津贴。

2．如果行为人将下列对象用于非指定目的的，应当处以第1款规定的刑罚：

a）第1款a项规定的援助；

b）第1款b项规定的津贴。

3．商业组织的成员或者雇员为了商业组织的利益实施第1款和第2款规定的行为，如果行为人恰当地履行其监督管理义务就可能避免犯罪发生的，应当对该商业组织的负责人或者具有监督管理权力的成员或雇员根据第1款的规定追究刑事责任。

4．如果第3款规定的犯罪行为是非自愿地实施的，构成轻罪，对该商业组织的负责人或者具有监督管理权力的成员或雇员处 2 年以下监禁、公益劳动或者罚金。

解释性条款

第 315 条

1．本章规定的“商品”也包括工业服务或者其他具有经济活动性质的服务在内，“价格”也包括对商品（服务）所做的具有金钱价值的任何支付方式。

2．（废止）

第十八章　侵犯财产罪

盗窃罪

第 316 条

1．任何人以非法占有为目的，从他人处拿走他人财物的，构成盗窃罪。

2．如果盗窃财物的数额较小，或者虽然数额未达到较小标准但具有下列情形之一的，构成轻罪，处 2 年以下监禁、公益劳动或者罚金：

a）属于犯罪共谋的一部分的；

b）在存在公共危险的场所实施的；

c）以商业化经营的方式实施的；

d）以对物品使用暴力的方式实施的；

e）（废止）

f）使用欺骗手段或者在被害人（使用人）不知晓或者未获得其同意的情况下，进入房屋及其用围栏等与外界隔离的周围区域而实施的；

g）使用伪造的或者偷窃来的钥匙实施的；

h）以与其同住一套公寓或者类似房屋的人为对象实施的；

i）以扒窃的方式实施的；

j）利用他人处于无力阻止犯罪实施的状态实施的。

3.（废止）

4. 如果盗窃行为的实施具有下列情形之一的，构成重罪，处3年以下监禁：

a）盗窃财物的数额较大的；

b）盗窃财物的数额较小，但同时具有下列情形之一的：

（1）以第2款a项至d项规定的方式实施的；

（2）针对文物实施的；

（3）将宗教物品、用于行使宗教信仰权利的圣物从被视为圣地的场所拿走的；

（4）针对放置于墓地或者其他安葬地点用于纪念死者或者陪葬的物品实施的。

5. 如果盗窃行为的实施具有下列情形之一的，处1至5年监禁：

a）盗窃财物的数额巨大的；

b）盗窃财物的数额较大，但以第2款a项至d项规定的方式实施的。

6. 如果盗窃行为的实施具有下列情形之一的，处2至8年监禁：

a）盗窃财物的数额特别巨大的；

b）盗窃财物的数额巨大，但以第2款a项至d项规定的方式实施的。

c）（废止）

7. 如果盗窃行为的实施具有下列情形之一的，处2至8年监禁：

a）盗窃财物的数额极其巨大的；

b）盗窃财物的数额特别巨大，但以第2款a项至d项规定的方式实施的。

c）（废止）

侵占罪

第317条

1. 任何人将其受委托管理的他人财物非法占有或者作为自己的财物予以处理的，构成侵占罪。

2. 如果侵占财物的数额较小，或者虽然数额未达到较小标准但具有下列情形之一的，构成轻罪，处2年以下监禁、公益劳动或者罚金：

a）属于犯罪共谋的一部分的；

b）在存在公共危险的场所实施的；

c）以商业化经营的方式实施的。

d）（废止）

3.（废止）

4. 如果侵占行为的实施具有下列情形之一的，构成重罪，处3年以下监禁：

a）侵占财物的数额较大的；

b）侵占财物的数额较小，但以第2款a项至c项规定的方式实施的；

c）针对属于文物实施的。

5. 如果侵占行为的实施具有下列情形之一的，处1至5年监禁：

a）侵占财物的数额巨大的；

b）侵占财物的数额较大，但以第2款a项至c项规定的方式实施的。

6. 如果侵占行为的实施具有下列情形之一的，处2至8

年监禁：

a）侵占财物的数额特别巨大的；

b）侵占财物的数额巨大，但以第2款a项至c项规定的方式实施的。

7. 如果侵占行为的实施具有下列情形之一的，处5至10年监禁：

a）侵占财物的数额极其巨大的；

b）侵占财物的数额特别巨大，但以第2款a项至c项规定的方式实施的。

诈骗罪

第318条

1. 任何人以非法获利为目的，让他人陷入错误认识或者停留在错误认识中，并因此对他人造成损失的，构成诈骗罪。

2. 如果诈骗财物的数额较小，或者虽然数额未达到较小标准但具有下列情形之一的，构成轻罪，处2年以下监禁、公益劳动或者罚金：

a）属于犯罪共谋的一部分的；

b）在存在公共危险的场所实施的；

c）以商业化经营的方式实施的。

d）（废止）

3. （废止）

4. 如果诈骗行为的实施具有下列情形之一的，构成重罪，处3年以下监禁：

a）诈骗财物的数额较大的；

b）诈骗财物的数额较小，但以第2款a项至c项规定的方式实施的。

5. 如果诈骗行为的实施具有下列情形之一的，处1至5年监禁：

a）诈骗财物的数额巨大的；

b）诈骗财物的数额较大，但以第2款a项至c项规定的方式实施的。

6. 如果诈骗行为的实施具有下列情形之一的，处2至8年监禁：

a）诈骗财物的数额特别巨大的；

b）诈骗财物的数额巨大，但以第2款a项至c项规定的方式实施的。

c）（废止）

7. 如果诈骗行为的实施具有下列情形之一的，处5至10年监禁：

a）诈骗财物的数额极其巨大的；

b）诈骗财物的数额特别巨大，但以第2款a项至c项规定的方式实施的。

c）（废止）

欺诈地违背委托义务罪

第319条

1. 受委托管理他人财物的任何人，违背受委托人义务使受托人遭受经济损失的，构成欺诈地违背委托义务罪。

2. 如果欺诈地违背委托义务的行为造成的经济损失数额较小的，构成轻罪，处1年以下监禁、公益劳动或者罚金。

3. 有下列情形之一的，构成重罪，分别处以各项规定的刑罚：

a）如果欺诈地违背委托义务的行为造成的经济损失数额较大的，处3年以下监禁；

b）如果欺诈地违背委托义务的行为造成的经济损失数额巨大的，处1至5年监禁；

c）如果欺诈地违背委托义务的行为造成的经济损失数额特

别巨大的，处 2 至 8 年监禁；

d）如果欺诈地违背委托义务的行为造成的经济损失数额极其巨大的，处 5 至 10 年监禁。

怠于监管受托财产罪

第 320 条

1. 受委托依法管理、监督他人财物的任何人，因违背或者怠于履行委托义务，过失地造成经济损失的，构成轻罪，处 2 年以下监禁、公益劳动或者罚金。

2. 如果过失的管理行为造成特别巨大的经济损失的，处 3 年以下监禁。

抢劫罪

第 321 条

1. 任何人出于非法占有为目的，对他人使用暴力或者危害生命、身体的直接威胁或者使他人陷入无意识状态或者无力反抗状态，从而夺走他人财物的，构成重罪，处 2 至 8 年监禁。

2. 如果实施盗窃行为的人在实施犯罪行为时被他人发现，为了占有所盗窃的物品而针对他人使用暴力或者危害生命、身体的直接威胁，也应当以抢劫罪论处。

3. 如果抢劫行为的实施具有下列情形之一的，处 5 至 10 年监禁：

a）以持械的方式实施的；

b）抢劫财物数额较大的；

c）作为犯罪共谋的一部分或者以集团犯罪的方式实施的；

d）针对正在以官方身份行事的公务员或者外国公务员实施，或者针对正在从事公务的执行公务的人员实施的。

4. 如果抢劫行为的实施具有下列情形之一的，处 5 至 15 年监禁：

a）抢劫数额巨大或者超过数额巨大标准的；

b）针对正在以官方身份行事的公务员、外国公务员或者正在从事公务的执行公务的人员实施数额较大的抢劫，和（或者）以持械、犯罪共谋或者集团犯罪的方式实施数额较大的抢劫的；

c）针对正在以官方身份行事的公务员、外国公务员或者正在从事公务的执行公务的人员，以持械或者集团犯罪的方式实施的。

以灌醉、恐吓手段实施的抢劫罪

第 322 条

1. 任何人以非法占有为目的夺走他人财物，具有下列情形之一的：

a）出于从他人处夺走财物的目的而将其灌醉，然后夺走财物的；

b）行为人在实施其他犯罪的过程中使用了暴力或者危及生命、身体的威胁，如果行为人从受到这一暴力或者威胁的影响的他人处拿走财物的，构成重罪，处 5 年以下监禁。

2. 如果以灌醉、恐吓手段实施的抢劫行为具有下列情形之一的，处 2 至 8 年监禁：

a）抢劫财物数额较大；

b）作为犯罪共谋的一部分或者以集团犯罪的方式实施的。

3. 如果以灌醉、恐吓手段实施的抢劫行为具有下列情形之一的，处 5 至 10 年监禁：

a）抢劫财物数额特别巨大或者比之更多的；

b）抢劫财物数额巨大，但其行为属于犯罪组织的一部分或者以集团犯罪的方式实施的。

敲诈勒索罪

第 323 条

1. 任何人以非法获取为目的，使用暴力或者威胁让他人实施一定行为、不实施一定行为或者就某事作出保证，因此造成他人的损失的，构成重罪，处1至5年监禁。

2．如果敲诈勒索罪的实施具有下列情形之一的，处2至8年监禁：

a）作为犯罪共谋的一部分的；

b）使用危及生命、身体的威胁或者其他类似的严重威胁手段的；

c）公务员利用其身份实施的，或者假装有官方的授权或者身份而实施的。

3．（废止）

恶意破坏罪

第324条

1．任何人毁灭、破坏他人财物，造成损失的，构成恶意破坏罪。

2．如果恶意破坏行为的实施具有下列情形之一的，构成轻罪，处1年以下监禁、公益劳动或者罚金：

a）造成的损失数额较小的；

b）造成的损失数额未达到数额较小的标准，但犯罪行为属于犯罪共谋的一部分的。

3．如果恶意破坏行为的实施具有下列情形之一的，构成重罪，处3年以下监禁：

a）造成的损失数额较大的；

b）（1）针对文物、考古遗址、历史遗址实施的；

（2）针对宗教物品、圣堂、用于行使宗教信仰权利的物品实施的；

（3）针对坟墓、葬礼、放置于墓地或者其他安葬地点用于纪念死者的物品的。

4. 如果实施恶意破坏行为具有下列情形之一的，处1至5年监禁：

a）造成的损失数额巨大的；

b）（1）针对文物、考古遗址、历史遗址实施的；

（2）针对宗教物品、圣堂、用于行使宗教信仰权利的物品实施的；

（3）针对坟墓、葬礼、放置于墓地或者其他安葬地点用于纪念死者的物品的。

c）使用炸药或者爆炸剂实施的。

5. 如果恶意破坏行为造成的损失特别巨大的，处2至8年监禁。

6. 如果恶意破坏行为造成的损失数额极其巨大的，处5至10年监禁。

非法侵吞罪

第325条

1. 任何人将其找到的他人财物予以侵吞，或者不将该财物移交给有权机关或者失主，或者将其意外或者由于差错所得到的他人财物予以侵吞或者不在8日内将其归还的，构成轻罪，处1年以下监禁、公益劳动或者罚金。

2. 如果针对被视为文物的财物实施非法侵吞行为的，处2年以下监禁。

接受赃物罪

第326条

1. 任何人以获取非法利益为目的，对盗窃罪、侵占罪、诈骗罪、欺诈地违背委托义务罪、抢劫罪、以灌醉与恐吓手段实施的抢劫罪、敲诈勒索罪、非法侵吞罪、接受赃物罪所产生的物品，实施获取、隐匿、协助转让行为的，构成接受赃物罪。

2. 如果接受赃物行为的实施具有下列情形之一的，构成轻罪，处2年以下监禁、公益劳动或者罚金：

a）赃物价值数额较小的；

b）赃物价值微小，但以商业化经营的方式实施的。

3. 如果所接受的赃物价值数额较大或者属于文物的，构成重罪，处3年以下监禁。

4. 如果接受赃物行为的实施具有下列情形之一的，处1至5年监禁：

a）赃物价值数额巨大的；

b）赃物价值数额较大，但以商业化经营的方式实施的。

5. 如果接受赃物行为的实施具有下列情形之一的，处2至8年监禁：

a）赃物价值数额特别巨大的；

b）赃物价值数额巨大，但以商业化经营的方式实施的。

6. 如果接受赃物行为的实施具有下列情形之一的，处5至10年监禁：

a）赃物价值数额极其巨大的；

b）赃物价值数额特别巨大，但以商业化经营的方式实施的。

c）（废止）

擅自使用他人机动车辆罪

第327条

1. 任何人出于使用的目的，未经允许将不属于自己的机动车辆开走，或者使用以前述方式开走的机动车辆，或者未经允许地使用他人委托其管理的机动车辆的，构成重罪，处3年以下监禁。

2. 如果犯罪行为的实施具有下列情形之一的，构成重罪，处5年以下监禁：

a）使用暴力或者针对生命、身体的威胁的；

b）属于犯罪共谋的一部分的。

3．如果以持有武器的方式或者犯罪共谋的方式实施第 2 款 a 项规定的犯罪行为的，构成重罪，处 2 至 8 年监禁。

欺骗消费者罪

第 328 条

1．任何人在向消费者直接销售产品的过程中，以下列方式实施欺骗消费者的行为，如果没有构成更重的其他犯罪的，构成轻罪，处 1 年以下监禁、公益劳动或者罚金：

a）使用虚假的度量或者计算方法；

b）（废止）

c）降低商品的质量标准的。

2．任何人在提供具有经济活动性质的服务的过程中，实施第 1 款所列举的行为，给消费者造成损害的，应当按照第 1 款的规定追究刑事责任。

3．任何人以商业化经营的方式实施欺骗消费者犯罪行为的，构成重罪，处 3 年以下监禁。

侵犯知识产权罪

第 329 条

1．任何人有下列行为之一的，构成重罪，处 3 年以下监禁：

a）将他人的知识产品据为己有，并因此给权利人造成经济损失的；

b）滥用其在某一经济组织的地位、职位或者成员资格，以从这些知识产品所获得的报酬或者所产生的利润、收益中分得份额作为使用其知识产品或者实施相关权利的条件的。

2．本条中规定的“知识产品”，是指文学、科学或者艺术作品、发明、产品设计、产品原型、微电子半导体的形貌结构或者其他创新。

侵犯著作权及相关权利罪

第 329 条 A

1. 任何人侵犯作者对其文学、科学、艺术作品的相关权利，或者侵犯艺术表演者对其表演的相关权利，或者侵犯录音制作者对其录音制品的相关权利，或者侵犯广播或者电视组织对其制作的节目的相关权利，或者电影或者数据库制作人对其电影或者数据库的相关权利，如果以上行为是出于获取经济收益或者其他利益的目的实施或者给上述权利人造成了经济损失的，构成轻罪，处 2 年以下监禁、公益劳动或者罚金。

2. 如果侵犯著作权及相关权利的行为具有下列情形之一的，构成重罪，处 3 年以下监禁：

a）造成数额巨大的经济损失的；

b）以商业化经营的方式实施的。

3. 有下列情形之一的，分别处以下列刑罚：

a）如果侵犯著作权及相关权利的行为造成数额特别巨大的经济损失的，处 5 年以下监禁；

b）如果侵犯著作权及相关权利的行为造成数额极其巨大的经济损失的，处 2 至 8 年监禁。

4. 任何人过失实施侵犯著作权及相关权利的行为的，构成轻罪，处 1 年以下监禁、公益劳动或者罚金。

破坏、欺骗用于保护著作权及相关权利的技术措施的完整性罪

第 329 条 B

1. 任何人实施下列行为之一，用于破坏《著作权法》中规定的设计用于保护著作权及其相关权利的技术措施的工具、产品、设备和（或者）配件，构成轻罪，处 2 年以下监禁、公益劳动或者罚金：

a）生产或者制作；

b）提供、销售、买卖。

2. 任何人出于欺骗用于保护著作权及其相关权利的技术措施的目的，向他人传播实施这种欺骗所必需的经济的、技术的和/或者组织的专门知识的，应当按照第1款的规定追究刑事责任。

3. 如果以牟取暴利的方式实施欺骗用于保护著作权及其相关权利的技术措施的行为的，构成重罪，处3年以下监禁。

4. 如果第1款a项规定的犯罪的行为人在有权机关知悉其犯罪行为之前，主动地向有权机关供认其所参与的生产、制作意图用作破坏保护著作权及其相关权利的技术措施的工具、产品、设备和（或者）配件的行为，把所生产、制作的前述物品交给有权机关，并且提供有关参与生产、制作的其他人的信息的，不应当追究刑事责任。

伪造有关著作权管理的资料罪

第329条C

任何人为了获得经济收益或者其他利益，非法地减少或者增添有关他人受著作权或者相关权利保护的作品或者表演之使用的、按照《著作权法》规定予以公开的任何资料、信息的，构成轻罪，处2年以下监禁、公益劳动或者罚。

侵犯工业设计权利罪

第329条D

1. 任何人以模仿手段或者对受专利保护的产品进行复制的方式，侵害专利、受保护的产品设计或者产品原型，受专利权保护的形貌结构、商标、地理标志权利人的权利，并因此造成经济损失的，构成轻罪，处2年以下监禁、公益劳动或者罚金。

2. 如果侵害工业设计权利的行为具有下列情形之一的，构成重罪，处3年以下监禁：

a）造成巨大的经济损失的；

b）以商业化经营的方式实施的。

3. 有下列情形之一的，分别予以下列处罚：

a）如果侵害工业设计权利的行为造成特别巨大的经济损失的，处5年以下监禁；

b）如果侵害工业设计权利的行为造成极其巨大的经济损失的，处2至8年监禁。

侵害债权罪

第330条

任何人全部或者部分地不偿付债务，或者以其他任何方式妨碍对债权人进行偿付的，构成轻罪，处1年以下监禁、公益劳动或者罚金。

不履行债务罪

第330条A（废止）

自诉

第331条

对盗窃罪、侵占罪、诈骗罪、欺诈地违背委托义务罪、恶意破坏罪、非法侵吞罪、接受赃物罪、擅自使用他人机动车辆罪的犯罪行为对个人财产造成损失的案件，如果受害人是行为人的亲属的，只有在被害人提起自诉的情况下才能追究行为人的刑事责任。

主动悔改

第332条

如果盗窃罪、侵占罪、诈骗罪、欺诈地违背委托义务罪、恶意破坏罪、非法侵吞罪、接受赃物罪、擅自使用他人机动车辆罪的行为人在被发觉之前，向有权机关或者被害人报告其行为，并且偿还损失或者为了偿还损失而尽其所能地行为的——对这种需要予以特别评价的案件——可以不受限制地予以减轻处罚，甚至可以免除处罚。

解释性条款

第333条

在本章的上述规定中：

1. 所指的“物”，也应当包括电力和其他形式的在经济生活中使用的能源、代表一定金钱权利的文书或者以自身保证向证券账户的受益人让与其上所代表的金钱价值或权利的无证书证券。

2. （废止）

3. （废止）

4. 在认定特别累犯时，侵犯财产罪中的所有犯罪属于具有类似特征的犯罪。

第十九章　违反军事防卫义务罪

预防性防卫紧急状态或者军事管制状态的适用

第333条A

在国家进入预防性防卫紧急状态或者军事管制状态而再次征兵的时候，应当适用本章的规定。

违反参军义务罪

第334条

1. 任何有义务从事军事服务的人，在被征召时未报到服役的，构成重罪，处5年以下监禁。

2. 任何人过失实施本罪行为的，构成轻罪，处3年以下监禁。

逃避军事服务罪

第335条

1. 任何有义务从事军事服务的人，出于逃避军事服务的目的，未履行其报到服役的义务的，构成重罪，处5至10年监禁。

2. 出于第1款规定的目的，有义务从事军事服务的人有下列行为之一的，处5至15年监禁：

a）自残身体、自损健康或者实施任何欺骗行为的；

b）未经许可擅自前往国外或者延期在国外逗留的。

拒绝履行军事服务罪

第336条

任何有义务从事军事服务的人，拒绝履行军事服务的，构成重罪，处5至15年监禁。

逃避文职服务罪

第336条A

1. 已经被批准从事文职服务的人，在被征召时未出现的，构成重罪，处5年以下监禁。

2. 第1款规定的人出于永久地逃避文职服务的目的：

a）自残身体、自损健康或者实施任何欺骗行为，而在被征召时不报到或者未出现的，处1至5年监禁；

b）未经许可擅自前往国外或者延期在国外逗留的，处2至8年监禁。

3. 任何人出于暂时逃避文职服务的目的，实施第1款规定的犯罪行为的，构成重罪，处3年以下监禁；如果逃避的期间超过6日的，处1至5年监禁。

拒绝文职服务罪

第336条B

已经被批准从事文职服务的人，拒绝履行文职服务的，构成重罪，处1至5年监禁。

第 336 条 C（废止）

不履行报到义务罪

第 337 条

有义务从事军事服务的人，在被征召时未报到或者未出现的，构成重罪，处 3 年以下监禁。

阻碍履行军事服务罪

第 338 条

1. 任何人实施行为意图阻止负有军事服务义务的人履行其第 334 条、第 336 条 A、第 336 条 B 和第 337 条中规定的义务的，构成重罪，分别按照所述各条的规定追究刑事责任。

2. 任何人实施行为意图帮助负有军事服务义务的人以第 335 条规定的方式逃避军事服务的，应当根据第 335 条的规定追究其刑事责任，分别处以该条规定不同幅度的刑罚。

违反民防义务罪

第 339 条

1. 任何人未履行其民防服务义务的，构成重罪，处 3 年以下监禁。

2. 如果违反民防服务义务的行为造成严重危害的，处 1 至 5 年监禁。

3. 任何人过失地实施第 2 款规定的犯罪行为的，构成轻罪，处 3 年以下监禁。

违反有关防卫工事的军事防卫义务罪

第 340 条

负有有关军事防卫工事义务的任何人，以未出勤或者任何其他方式违反其义务的，构成重罪，处 3 年以下监禁。

违反提供服务义务罪

第 341 条

任何人在提供经济或者物资服务的过程中，严重地违反或者逃避其军事防卫义务的，构成重罪，处 5 年以下监禁。

主动悔改

第 342 条

如果本章所规定的犯罪的行为人自动履行其未履行的义务的，可以不受限制地予以减轻处罚。

第二十章　军人违反职责罪

第一节　违反兵役义务罪

军人脱逃罪

第 343 条

1. 任何军人以不履行军事服役为目的，擅自离开其服役场所或者从某一时刻开始持续地未出现在服役场所的，构成重罪，处 1 至 5 年监禁。

2. 如果军人脱逃行为的实施具有下列情形之一的，处 2 至 8 年监禁：

a）以持械的方式实施的；

b）以集团犯罪的方式实施的；

c）在履行重要的服役活动时实施或者利用其服役活动实施的；

d）伴随有针对他人的人身使用暴力的情节的。

3. 军人脱逃到国外的，处 5 至 15 年监禁。

4. 军人以第 2 款 a 项至 c 项规定的方式脱逃到国外，或者在战时实施脱逃行为的，处 10 至 15 年监禁或者终身监禁。

5. 军人实施第 2 款和第 3 款规定脱逃行为的预备行为的，构成重罪，处 1 至 5 年监禁；战时实施的，处 5 至 10 年监禁。

6. （废止）

7. 如果实施脱逃行为的军人主动向有权机关自首的，可以给予不受限制的减轻处罚。

不报告脱逃行为罪

第 344 条

军人确切地知悉他人正在实施脱逃国外的预备行为或者尚未被察觉的脱逃国外的行为已经实施，但未及时报告的，构成重罪，处 3 年以下监禁。行为人的亲属疏于报告脱逃行为的，不应当追究刑事责任。

擅离职守罪

第 345 条

1. 任何军人擅自离开其服役岗位或者从某一时刻开始持续地未出现在岗位上的，且离岗时间超过 48 小时的，构成轻罪，处 1 年以下监禁；战时实施的，构成重罪，处 1 至 5 年监禁。

2. 如果擅离职守的期间超过 9 日的，构成重罪，处 3 年以下监禁；战时实施的，处 2 至 8 年监禁。

逃避服役罪

第 346 条

1. 任何军人以使自己逃避履行军事服役为目的，自残身体、自损健康或者实施其他欺骗行为的，构成重罪，处 1 至 5 年监禁；战时实施的，处 10 至 15 年监禁或者终身监禁。

2. 任何军人以使自己暂时逃避履行军事服役为目的，实施第 1 款规定的犯罪行为的，构成轻罪，处 1 年以下监禁；战时实施的，构成重罪，处 1 至 5 年监禁。

3. 如果暂时逃避履行军事服役的期间超过6日的，构成重罪，处3年以下监禁；战时实施的，处2至8年监禁。

拒绝履行兵役罪

第347条

任何军人拒绝履行其军事服役活动的，构成重罪，处1至5年监禁；战时实施的，处10至15年监禁或者终身监禁。

违反服役职责罪

第348条

1. 任何军人在履行警卫、站岗或者其他戒备职责时，睡觉、饮用酒精饮料、离开岗位或者以其他严重违反命令方式违反职责的，构成轻罪，处1年以下监禁。

2. 如果犯罪行为的实施具有对服役造成重大的危害的危险性的，构成重罪，处5年以下监禁；战时实施的，处2至8年监禁。

3. 如果犯罪行为实施于战斗状态而且造成特别巨大的危害后果的，构成重罪，处10至15年监禁或者终身监禁。

4. 任何军人过失地实施第2款规定的行为，构成轻罪，按照该款规定的2种不同的情形，分别处1年以下监禁或者3年以下监禁；过失地实施第3款规定的行为的，处5年以下监禁。

逃避执行服役任务罪

第349条

1. 任何军人采取欺骗或者缺勤的方式使自己逃避履行重要的服役义务，或者使自己陷入不能履行重要的服役义务状态的，构成轻罪，处1年以下监禁。

2. 如果犯罪的实施具有对服役造成巨大危害后果的危险的，构成重罪，处3年以下监禁；战时实施的，处1至5年监禁。

违反报告义务罪

第 350 条

1. 任何军人在履行重要的服务事项时，未在规定的时间进行报告或者作不真实的报告的，构成轻罪，处 1 年以下监禁。

2. 如果该罪的实施对服役造成巨大的危害后果的，构成重罪，处 3 年以下监禁；战时实施的，处 1 至 5 年监禁。

滥用军事权力罪

第 351 条

1. 任何军人为了导致非法损害或者获取非法利益，而滥用其服务中所具有的权力或者地位，如果没有构成更重的其他犯罪的，构成轻罪，处 2 年以下监禁。

2. 如果犯罪行为造成巨大损害后果的，构成重罪，处 5 年以下监禁。

第二节　不服从罪

叛乱罪

第 352 条

1. 任何军人以集团的形式参与以违反服役命令或者纪律为目的的公然不服从活动，严重地扰乱服役义务的履行的，构成重罪，处 2 至 8 年监禁。

2. a）叛乱的发起者、组织者和领导者；

b）针对上级或者反对叛乱一方的人员实施暴力的参与者，处 5 至 15 年监禁。

3. a）如果叛乱造成特别严重的后果的，对叛乱的发起者、组织者和领导者；

b）如果参与者在叛乱的过程中实施的行为造成人员死亡或

者以其他方式造成特别严重的后果的，处10至15年监禁或者终身监禁。

4. 在战时实施第1款规定的行为的，处5至15年监禁；在战斗状态中实施第1款规定的行为或者在战时实施第2款规定的行为的，处10至15年监禁或者终身监禁。

5. 实施第1款规定的行为的行为人，在造成更为严重的后果之前或者接到结束叛乱的命令之后，终止叛乱行为的，可以给予不受限制的减轻处罚。

6. 任何军人实施叛乱罪的预备行为的，构成重罪，处1至5年监禁；战时实施的，处2至8年监禁。

不阻止叛乱罪

第353条

任何军人在其已知情的情况下，未尽力去阻止叛乱及其实施，或者不立即告发的，构成重罪，处3年以下监禁。

不服从命令罪

第354条

1. 任何军人不执行命令的，构成轻罪，处1年以下监禁；以集团犯罪的方式实施的，构成重罪，处3年以下监禁。

2. 如果不服从命令的行为具有下列情形之一的，构成重罪，处5年以下监禁；战时实施的，处2至8年监禁：

a）在受害人的其他部属在场的情况下，以明示的方式或者其他侮辱性方式拒绝执行命令的；

b）伴随发生对服役或者纪律造成重大危害之危险的。

3. 任何军人在战斗中不执行命令的，处10至15年监禁或者终身监禁。

4. 任何军人过失地实施本罪的，构成轻罪，对第2款规定的行为，处1年以下监禁；战时实施的，处3年以下监禁；对第

3 款规定的行为，处 5 年以下监禁。

暴力侵害上级或者级别较高的其他军人罪

第 355 条

1. 任何军人针对下列人员履行服役之时或者因为这些人履行服役的行为对其实施暴力、威胁或者采取积极的抵制的，构成重罪，处 3 年以下监禁；战时实施的，处 1 至 5 年监禁：

a）上级；

b）职位比其高的人、警卫或者行使职权的其他服役人员。

2. 如果本罪的实施具有下列情形之一的，处 5 年以下监禁；战时实施的，处 2 至 8 年监禁：

a）以持械犯罪或者集团犯罪的方式实施的；

b）同时伴随有不服从命令的情节的；

c）伴随有极度痛苦的身体伤害或者对服役或者纪律造成巨大危害之危险的。

3. 如果本罪的实施造成终身残疾的、健康极严重的损害或者危及生命的危险的，处 2 至 8 年监禁；战时实施的，处 5 至 10 年监禁。

4. 如果本罪的实施造成被害人死亡的，处 5 至 15 年监禁。

5. 如果本罪的实施具有下列情形之一的，处 10 至 15 年监禁或者终身监禁：

a）犯罪行为将同时构成故意杀人罪的；

b）在战斗状态中实施犯罪的。

6. 针对自愿或者按命令护卫第 1 款规定的犯罪对象实施前述侵害的，也应当适用本条的前述规定追究刑事责任。

侵害军事权威罪

第 356 条

1. 任何军人在下列人员正在履行职务时，当着他人面或者以其他明显粗俗不堪的方式侵害其权威的，构成轻罪，处 1 年以下监禁：

a）上级；

b）地位比其高的人、警卫或者行使职权的其他服役人员。

2. 如果当着数名军人的面或者以其他方式公然实施本罪的，构成重罪，处 3 年以下监禁。

煽动不服从罪

第 357 条

1. 任何军人在军人中煽动对其上级、某一命令或者有关服役或者纪律的一般制度的不服从的，构成轻罪，处 1 年以下监禁。

2. 如果犯罪行为的实施具有下列情形之一的，构成重罪，处 3 年以下监禁：

a）在履行服役活动的过程中实施煽动行为的；

b）煽动行为给服役或者纪律造成巨大的危害的。

第三节　上级实施的犯罪

侮辱部属罪

第 358 条

1. 任何人当着第三人的面或者以明显粗俗不堪的方式，侮辱其部属的人格尊严的，构成轻罪，处 1 年以下监禁。

2. 如果犯罪的实施具有下列情形之一的，构成重罪，处 3 年以下监禁：

a）出于卑劣的原因；

b）造成极度的身体或者精神折磨的；

c）对多个部属造成伤害的。

3．如果犯罪行为导致极度的身体伤害或者对服役造成巨大的损害的，处 1 至 5 年监禁。

上级滥用权力罪

第 359 条

任何军人滥用其作为上级所拥有的权力，有下列行为之一的，构成轻罪，处 1 年以下监禁：

a）对其下级给予纪律处罚；

b）限制下级行使控告权利；

c）截留下级的报酬或者向下级施加经济负担；

d）利用下级从事私人活动；

e）给予下级比其他人较为有利或者不利的对待的。

上级疏于履行照管责任罪

第 360 条

1．任何军人违反其作为上级应尽的职责，疏于采取措施向下属提供物资、保护下属免受某些可能发生的危险或者营救下属，如果没有构成更重的其他犯罪的，构成轻罪，处 1 年以下监禁。

2．如果本罪的实施对服役或者纪律造成重大危害的，构成重罪，处 5 年以下监禁；战时实施的，处 2 至 8 年监禁。

3．任何军人过失地实施第 2 款规定的行为的，构成轻罪，按照该款规定的 2 种不同情形，分别处以 1 年以下监禁或者 3 年以下监禁。

上级疏于采取应为的措施罪

第 361 条

1．任何军人违反其作为上级应尽的职责，疏于采取必要的措施为下列行为之一的，构成轻罪，处 1 年以下监禁：

a）阻止下属实施违反义务的行为或者犯罪行为，或者阻止下属进行争斗的；

b）平息威胁服役秩序、纪律或者公共安全的任何扰乱行为的。

2. 如果本罪的实施对服役、纪律或者公共安全造成重大危害的，构成重罪，处5年以下监禁；战时实施的，处2至8年监禁。

3. 任何军人过失地实施第2款规定的行为的，构成轻罪，按照该款规定的2种不同情形，分别处以1年以下监禁或者3年以下监禁。

疏于监督罪

第362条

1. 任何军人违反其作为上级应尽的职责，未对其下属履行其服役的活动进行监督，从而对服役或者纪律造成重大危害的，构成轻罪，处1年以下监禁。

2. 如果犯罪行为的实施对服役或者纪律造成特别重大的危害的，构成重罪，处5年以下监禁；战时实施的，处2至8年监禁。

3. 任何军人过失地实施第2款规定的行为的，构成轻罪，按照该款规定的2种不同情形，分别处以1年以下监禁或者3年以下监禁。

第四节　危害作战能力罪

危害战备罪

第363条

1. 任何军人以下列方式违反其服役义务，直接危害某一军事单位的作战准备工作的，构成重罪，处1至5年监禁；战时实施的，处2至8年监禁：

a）不提供必需的作战武器、作战装备或者其他军事物资，或者不为军事物资的仓库提供保卫的；

b）毁坏重要的作战武器、作战装备或者其他重要的军事物资，或者使之陷入不能使用状态，或者以其他方式改变其指定的用途的。

2. 如果犯罪行为的实施同时对服役造成特别巨大的危害的，处2至8年监禁；战时实施的，处10至15年监禁或者终身监禁。

3. 任何军人过失地实施本罪的，对第1款规定的行为，构成轻罪，按照该款规定的不同情形，分别处以1年以下监禁或者3年以下监禁；对第2款规定的行为，按照该款规定的不同情形，分别处以3年以下监禁或者5年以下监禁。

违背指挥员职责罪

第364条

任何军人在战斗状态中，违反其作为指挥员应尽的职责，有下列行为之一的，构成重罪，处10至15年监禁或者终身监禁：

a）让下属的军人投降敌人或者让其被俘虏的；

b）在紧迫时刻毁坏重要的作战位置、装备、作战物资或者交付给他的任何其他军事物资，或者把处于可使用状态的上述物品丢弃给敌人的；

c）不对敌人实施其力所能及的抵抗的。

逃避履行战斗职责罪

第365条

任何军人在作战中以下列方式逃避履行其战斗义务的，构成重罪，处10至15年监禁或者终身监禁：

a）擅自离开其服役岗位、躲藏或者逃跑；

b）故意导致自己丧失战斗能力或者实施其他欺骗行为；

c）丢弃、毁坏或者怠于使用作战装备；

d）主动投降的；

e）其他严重违反服役义务的方式。

破坏战斗士气罪

第 366 条

1．任何军人在战斗状态中，在军队中煽动不服从、激起失败主义情绪或者散布使人恐慌的消息的，构成重罪，处 1 至 5 年监禁。

2．如果犯罪的实施具有下列情形之一的，处 5 至 15 年监禁：

a）导致军人不服从或者其他违反义务的行为的；

b）对服役造成其他重大危害的。

解释性条款

第 367 条

本章中规定的“军事服役”，是指第 122 条第 1 款规定的人员所从事的工作。

第 368 条

本章中规定的“战斗状态”，包括匈牙利武装力量的部队在外国进行战斗部署之时。